视觉力

品牌视觉时代的营销创意方法

让品牌定位一目了然　让营销卖点一针见血

刘述文 ★ 著

企业管理出版社
EMPH ENTERPRISE MANAGEMENT PUBLISHING HOUSE

图书在版编目（CIP）数据

视觉力 / 刘述文著 . — 北京：企业管理出版社，2023.2
ISBN 978-7-5164-2381-3

Ⅰ. ①视…　Ⅱ. ①刘…　Ⅲ. ①品牌营销　Ⅳ. ①F713.3

中国国家版本馆 CIP 数据核字（2023）第 022673 号

书　　名：视觉力
书　　号：ISBN 978-7-5164-2381-3
作　　者：刘述文
策划编辑：侯春霞
责任编辑：侯春霞
出版发行：企业管理出版社
经　　销：新华书店
地　　址：北京市海淀区紫竹院南路 17 号　　邮编：100048
网　　址：http://www.emph.cn
电子信箱：pingyaohouchunxia@163.com
电　　话：编辑部 18501123296　　发行部（010）68701816
印　　刷：河北宝昌佳彩印刷有限公司
版　　次：2023 年 2 月第 1 版
印　　次：2023 年 2 月第 1 次印刷
开　　本：880mm × 1230mm　　1/32
印　　张：6 印张
字　　数：100 千字
定　　价：58.00 元

前言

视觉设计的目的是什么？视觉设计就是为了影响消费者的看法和行为，让消费者认为这个商品是他所需要的，并且让他来购买这个商品，同时，让他将商品信息转述给别的消费者，让更多的消费者来购买这个商品。

因此，视觉设计的底层逻辑是让人注意、快速识别并记住信息。

笔者对视觉设计的三个理解是：

一切视觉设计都是符号的编码和解码。

一切视觉设计都要回到行动这一本质。

一切视觉设计都是为了帮助消费者转述给别的消费者。

一切视觉设计都是符号的编码和解码

信息加工理论认为，记忆过程就是对输入信息的编码、存储和提取的过程。只有经过编码的信息才能被记住，编码就是对已输入的信息进行加工、改造，编码是整个记忆过程的关键阶段。

一切视觉设计都是符号的编码和解码。在视觉设计中，我们应该将商品的卖点、特点、定位等核心信息，提炼为精准的信息编码。我们借助视觉符号进行编码，重构设计，传递给受众；受众接收到信息后，通过对符号的解码得到我们想要告诉他的信息和指令，然后他来做出理解与决策。

在实际的视觉设计中，要想将信息全部表达出来是很难的，因为符号编码的难度很大。同时，对信息进行提炼和再加工，把它传播出去后，也不能保证所有人都接收到，因为视觉设计的传播过程是有很大损耗的，与接收者的解码知识和解码环境有很大关系。

由于符号编码的效率一般来说是有限的，传播的损耗又是极大的，因此，超级视觉力的设计方法就是要解决编码效率和视觉传播损耗的问题。

一切视觉设计都要回到行动这一本质

视觉设计是说服、说动的传播行为——说服消费者相信我们的商品，说动消费者购买我们的商品。说服、说动的传播行为经常被描绘成一系列连续的步骤，包括认知活动、情感活动、意志活动，其目的是改变受众的态度和行为。

当一个品牌推出新产品时，可以通过视觉设计语言告知消费者这个新产品的存在，让消费者喜欢该产品，并采取购买行动。那么，消费者能否采取购买行动，就在于视觉设计的刺激。

巴甫洛夫提出的刺激反射原理指出，人类的一切行为都是刺激反射行为。毫无疑问，市场营销也是为了发动刺激反射，视觉设计就是引发消费者行为的最大的刺激因素。

因此，我们要给消费者一个刺激信号，这个刺激信号要谋求消费者的行为反射——购买行动。

一切视觉设计都是为了帮助消费者转述给别的消费者

视觉设计的对象是消费者，消费者除了担任受众角色、购买者角色外，还有一个角色，就是传播者，即消费者使用我们的商品后，会将商品信息转述给别的消费者。我们设计可记忆、可描述、可转述的视觉创意，除了发动消费者自己购买之外，另一个目的就是帮助消费者转述给别的消费者，让别的消费者来购买，形成营销传播裂变。

在品牌营销的视觉设计中，人人都认识的视觉符号是传播效果最好、沟通成本最低的视觉符号。视觉设计的目的不仅在于方便消费者认知、理解，也在于方便消费者转述，从而实现一传十、十传百、百传千，形成传播裂变。

例如，我们把一个视觉设计传播出去，然后别人把我们的视觉设计内容再转述出去，让它自己传播开。假设我们的广告费是1元，如果1个消费者看到了，我们的平均成本是1元，如果1个消费者转述给10个消费者，我们的平均成本就是1/11元，这10个消费者再分别转述给10个消费者，我们的平均成本就是1/111元，从而极大地降低了企业的营销传播成本。

超级视觉力就是超级创意

超级视觉力吸引消费者对传播信息的注意力

在信息爆炸的时代，只有一种资源是企业和商家稀缺的，那就是人们的注意力。因此，如何吸引注意力，如何使注意力发挥最大效益等变成了一个重要问题，也由此产生了一个新的领域——注意力经济。

营销传播的实质是对注意力的争夺。如果消费者注意不到传播信息，或者说传播信息不能吸引消费者的注意力，那么一切都是零。

因此，超级视觉力的第一个任务是吸引消费者的注意力，用色彩、图形、装置等视觉元素吸引消费者，让消费者第一眼看到、注意到，为消费者认知传播信息创造条件。

超级视觉力增强消费者对传播信息的认知力

超级视觉力的第二个任务是让消费者对传播的信息进行解码，让消费者准确理解传播的信息。超级视觉力具有三大功能，可以增强消费者的认知力。

超级视觉力具有浓缩信息的功能。超级视觉力是信息量最大、能量最强的视觉符号。例如，一町拉面的“鲜奖牌”视觉符号就浓缩了新鲜以及在业内获得嘉奖的信息，让消费者认知到一町拉面与众不同的价值。

超级视觉力具有指称识别的功能。超级视觉力是指称最强势、最明确的视觉符号。例如，一町拉面的“鲜奖牌”就利用了奖牌这一视觉符号，通过将奖牌和一町拉面相关联，就容易让消费者记住。

超级视觉力具有传达指令的功能。超级视觉力是对消费者的行为影响最强、影响最多的视觉符号。例如，当消费者看到一町拉面的“鲜奖牌”，对新鲜有所触动，就会采取购买行动。

值得注意的是，打造超级视觉力的关键是从记忆碎片中找到最小的一片，把它打造成最小记忆包，让每个人记住的都是这一片。

超级视觉力强化消费者对传播信息的记忆力

超级视觉力的第三个任务是让消费者记住传播信息。

品牌的英文是 brand，为烙印之意，打造品牌的本质是在消费者心智中形成“烙印”，让消费者记住、记牢，发动消费者重复购买。

在传播信息过度的社会，一个毋庸置疑的事实是，无论语言组织得多么巧妙，或品牌概念提炼得多么富有逻辑，如果消费者没有记住商品的信息，就不能唤醒消费者的回忆，也就没有消费者的复购。而唤醒消费者回忆的最佳工具就是超级视觉力。

超级视觉力将传播信息存留在消费者的记忆中，并强化消费者对传播信息的记忆力，形成“烙印”，从而跨越时间维度，使人们长达几年甚至几十年不会忘记。

刘述文

2022 年 12 月于深圳

目录

第一章

视觉力的重要性及原理

“力”是一个富有神奇能量的词，万事万物都因“力”而存在。自宇宙大爆炸以来，因为“力”的缘故，有了星球运动，有了地球的自转、公转。同时，地球上的万物也受到引力的牵引。

在介绍视觉力之前，先来分享一个小故事：以前，我家附近有一条小河，小河边上修了一条小水渠，每当旱季来临，村民们就将河水引到小水渠，借助水力，冲击一架木水车，带动一个石磨。在这种低效的操作方式下，水力除了一小部分被利用之外，其他的都被浪费了。后来经过水利技术专家研究，村子以现代技术开发那条河的水能，在上游修建了十多米高的水坝，并安置了发电机。现在，水坝为水渠引流了更多的水，不仅可以为一个榨油厂提供水能，又可以形成蓄水池在旱季灌溉农作物，还可以用于发电，解决村民照明的问题。

当营销传播资源被浪费时，就像那条小河，巨大的潜能却只被用来推动一个石磨，而经过创意设计之后，不一样的力释放出来的能量将能收到数十倍、上百倍的效益。视觉力就具有这样神奇的力量。

一、视觉力是传播的灯塔

营销传播属于传播学范畴，要遵循符号编码和解码的运作规律。传播是发送者将所要表达的内容编码，通过媒介发送给接收者，接收者接收到后进行解码。如果接收者解码的信息内容与发送者所表达的一致，就说明这个传播是成功的，反之，则是不成功的。

一个残酷的事实是，在营销传播中，如果消费者没有记住你的信息，一切都没有价值。研究表明，人类天生对图形、颜色等视觉形象有很强的记忆力，人的大脑 70% 的神经与视觉有关，人们主要通过视觉来识别、记忆，甚至做出决策。因此，品牌不可避免地需要一个强大的视觉形象在目标受众大脑里留下印记，唤醒目标受众的潜意识，激发目标受众的购买欲望。

在营销传播中，视觉信息的表达力远远超越文字信息，目标受众能否感知到品牌的意义取决于图式视觉形象，识别这种图式视觉形象对于消费者的购买决策具有至关重要的影响。有研究表明，人类大脑处理视觉信息的速度比文字信息快 60000 倍。简单来说，就是在堆积成山的文字和精美布局的图片中，人们第一眼都会看向后者。

实践中，视觉力是传播的灯塔，照亮营销传播这条船只的航路，没有视觉力，营销传播就会像夜晚航行的船只，无人知晓。

（一）视觉力与企业交易成本

交易成本是由诺贝尔经济学奖得主科斯提出的一个概念，是指那些为了促成交易发生而产生的成本。不同的交易往往涉及不同种类的交易成本。科斯指出，企业的本质是一种资源配置的机制，企业与市场是两种可以互相替代的资源配置方式。企业存在的意义就在于降低社会交易成本。企业规模越大，内部交易成本就越高。当内部交易成本超过外部交易成本时，企业规模就无法扩张了。

通过科斯的交易成本原理，我们学会从成本的角度来看待经营的一切问题。可以说，经营的一切问题都可以归结为降低成本的问题，如降低生产成本、降低营销成本。视觉力是营销传播的核心要素，具有战略价值，通过视觉力可以有效地与目标受众沟通，激发目标受众的购买行动，从而降低企业的营销传播成本。

从科斯的交易成本原理来看，视觉力能够降低识别成本、记忆成本、阅读成本、理解成本，从而降低沟通成本和品牌营销传播成本，让企业获得外部交易成本优势（见图 1-1）。

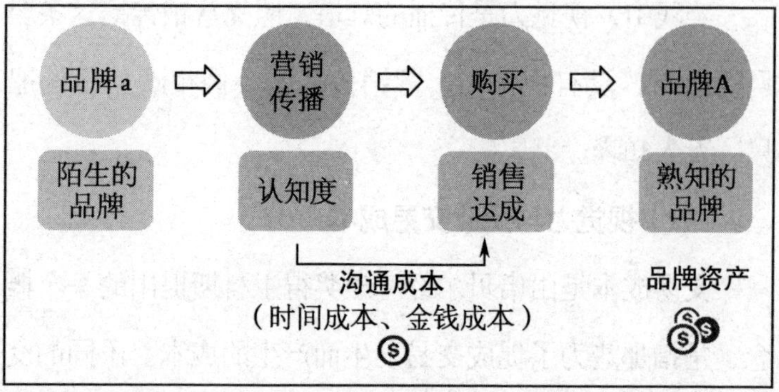

图 1-1 品牌营销传播成本

（二）视觉力与品牌资产

从企业经营的角度而言，经营有两个视角：一是成本视角，二是投资视角。成本很好理解，那么投资需要什么？就是投入生产产品、经营企业的成本，这个过程中形成的就是资产。

品牌资产，是指与品牌相关的，能够增加或削弱产品价值或服务价值的资产。从传播学、心理学的角度来定义品牌资产，它是企业所有品牌营销活动带给消费者的心理事实，它是消费者对品牌的认知和记忆所带来的企业利润收益，这些认知和记忆是消费者在一段时间内对品牌的所看、所读、所学、所听、所想及所感。

第一层意思是，品牌资产与消费者认知相关。基于消费者的品牌资产是对品牌知识的感受，在品牌营销活动中，与品牌不能被识别相比，当品牌能被识别时，消费者对产品及营销方式将表现出更多的赞许，反映出品牌具有正面的、容易被认知和记忆、基于消费者认知的品牌资产。

当消费者在潜意识中对某品牌形成视觉记忆时，品牌最能被消费者记住，因为视觉形象便于记忆、回想、再认，这时我们就可以说具有了品牌资产。例如，产品、标志、战略标识、IP 卡通形象、包装这些视觉力就是品牌资产的重要来源。

第二层意思是，品牌资产的形成与时间相关。当品牌知识在一段时间内被消费者快速、容易地认知和记忆时，便可形成品牌资产。同时，随着时间的推移，这些品牌资产会逐渐被消费者所遗忘。

品牌通过开展让消费者认知和记忆的连续营销传播活动，促使视觉力形成并积累品牌资产，最终形成认知的护城河。通过品牌资产的保值、增值，可以形成品牌护城河，这就是品牌资产原理。

二、视觉力原理

视觉力原理由文化原力、顾客买点、第一眼思维、视觉力四个要素构成（见图 1–2）。

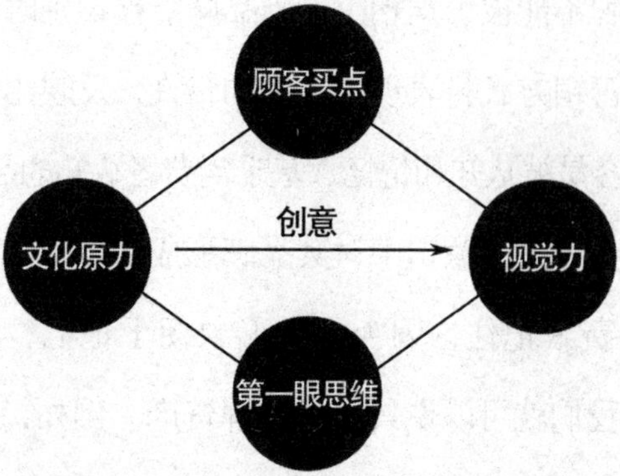

图 1-2　视觉力原理

文化原力是潜意识，顾客买点是意识，第一眼思维是效果，视觉力唤醒消费者的潜意识。

将文化原力嫁接到视觉创意中，就得到了视觉力，就能够唤醒消费者的潜意识，激活消费者的意识，刺激消费者的购买行为。

视觉力原理从交易成本出发，立足于消费者心智中已有的流量——文化原力，为营销传播的内容创意赋能，提供行之有效的视觉创意方法。

（一）文化原力

1. 文化原力来自潜意识的原始意象

文化原力来源于人类的原始意识形态——集体潜意识，它体现了人类集体的文学想象，又往往表现为一些相当有限而且不断重复的模式或程式，蕴藏着巨大的能量，是视觉力原理的基础和起点。

文化原力是营销传播中视觉力的密码，它为品牌营销传播提供了一个重要的沟通路径，是与消费者连通的桥梁。人类千百年来积累起来的符号创意、故事、仪式活动等文化意识形态，就是视觉力创意最强大的文化原力。

营销传播有许多种定义，比如信息传递、意见交换、信息发送者与接收者之间达成共识的过程。这些定义说明，传播的实现是以一些条件为前提的，双方必须有一个统一的想法，信息必须从一个人传递到另一个人（或者从一个群体传递到另一个群体）。

在消费者购物过程中，消费者需要一个明确的提示，按照提示选购需要的商品，减少或消除未满足需要的这种紧张，这个指令是建立在文化主体意识之上的，被消费者识别、认知和认同。

心理学家荣格在弗洛伊德的基础之上，提出了人格结构理论，把人格分为三个层次：意识、个人无意识和集体潜意识。荣格在“集体潜意识”概念中所描述的人类“种族记忆”或“原始意象”就是文化主体意识。即“一种不可计数的千百年来人类祖先经验的积淀物，一种每一世纪仅增加极小极小变化和差异的史前社会生活的回声”，也就是通过人类祖先漫长的实践活动，保留在人类精神中的“种族记忆”或“原始意象”。

这种“种族记忆”或“原始意象”就是沉淀在人类灵魂深处的潜意识——“集体潜意识”，这些“原始意象”可以是自然启示、图腾崇拜、英雄传奇、神话传说、圣灵感召等力量，它是符号创意、故事创意的根基。

例如，香港大学的校徽包括盾形徽章和校训，是根据英国纹章学院的建议而设计的（见图 1–3）。纹章在 12 世纪诞生于战场上，主要是为了识别因披挂甲胄而无法辨认的骑士。纹章是贵族专利的普遍观点就源自于此。然而，从 13 世纪起，无论是贵族还是平民，只要遵守纹章术的规则，任何人都可以拥有和使用纹章。如今，这种图腾崇拜式的纹章已经融入识别标志，无所不在。

图 1–3　香港大学校徽

文化原力来自消费者集体潜意识的“原始意象”，无论是标识、包装，还是广告中视觉的、听觉的或者触觉的符号创意，都建立在“原始意象”之上。“原始意象”是快速形成视觉力的文化原力。

2. 文化原力以文字、仪式和符号的形式出现

人们的潜意识是意识的一种状态，是指人们在不知不觉中意识到一些事物，或者在长期的行为中对原来已经处于意识中的事物逐渐习惯化了，不是处于清楚的意识当中。例如，中国人认为红色是吉祥色、喜庆色，认为书法代表汉字文化艺术。在现实中，文化原力以文字、仪式和符号的形式出现。

文化原力以仪式形式出现的例子有很多，例如，春节、元宵节、端午节、中秋节、国庆节日庆典、庙会、舜帝祭典、祭孔大典等。

文化原力以符号的形式出现时，视觉符号占据绝大部分。例如，黑色与黄色搭配的颜色被称为警惕色，常应用于交通指示牌以及危险物体上，以起到警示作用（见图 1–4）。其实，人类对黑色与黄色的警惕和畏惧是源于潜意识中对蜂和老虎（身上有黑色与黄色相间的色块）的警惕和畏惧。同样地，白色线条被用于人行通道，称为“斑马线”，就是运用了斑马对于人类是安全的这一“原始

意象”（见图 1-5）。

图 1-4　交通指示牌

图 1-5　斑马线

生活中，餐饮店的招牌是一种重要的视觉符号，如果餐饮店招牌的视觉符号是可描述的，如北京烤鸭，我们的头脑中就会有那么一种印象，即这是一种代表北京风味的美食形象，这种印象其实就是潜意识状态的表现。所以，当餐饮店以连锁化的形式出现时，其整齐划一的视觉符号就能更大程度地激活人们的潜意识。

我们在做购买决定的时候，面对眼前琳琅满目的同质化商品，会纠结到底是选甲、选乙，还是选丙，我们陷于短暂的选择性迷茫，这就是潜意识和意识没有统一导致的。当然，很短时间之后，我们很大程度上会选择曾经购买过，或者听说过、有记忆的熟悉商品，这其实就是被潜意识控制了。同时，当营销传播的视觉符号激活了我们的潜意识，这样类似的选择性迷茫就会很自然地减少，我们就会不知不觉地依靠文化原力来选择某品牌。

文化原力作用于消费者大脑，以文字、仪式和符号的形式出现在生活中。人们脑子里装的是原始记忆的图像、基于已有知识概念化了的假设，在此基础上，人们形成习惯思维、定势思维。

总结来说，文化原力必将发生，借助文化原力当中的文字、仪式、符号，一个品牌就可能成为一个强大的品牌。

3. 每个人都是文化原力的践行者

在人类历史长河之中，人类生活在自身所依附的文化主体意识的意识形态之中。例如，人们按照红黄绿交通信号灯行车，按照斑马线过马路，按照春节习俗挂灯笼、发红包。

红十字标志是国际人道主义保护标志，是武装力量医疗机构的特定标志，是红十字会的专用标志。红十字标志是红十字运动的象征，体现着当今世界的人道与同情。中国红十字会会徽如图 1–6 所示。

图 1–6　中国红十字会会徽

我们每个人都是文化原力的践行者。构成文化原力的元素是人们长期活动的历史选择，如太极、阴阳五行、中国红等，这些也是人类文化的结晶。

文化原力包括传统文化原力和衍生文化原力。传统故事、仪式等称为“传统文化”，而在此基础上衍生出来的现代新兴文化称为“衍生文化”。

传统文化原力是人们千百年来积累、沉淀而形成的。传统文化原力是老百姓都知道的文化，如福文化、酒文化，这些文化广泛根植于老百姓的日常生活中，不论身份阶层、不论男女老少都从骨子里认同并遵循。嫁接传统文化原力是品牌常用的营销方式。例如，爱马仕嫁接中国文化原力中秋节，推出了爱马仕月饼（见图1-7）。

图 1-7　爱马仕月饼

在科技发展的驱动下，新的生产力催生了新的文化。如果我们要推出新品牌，最有效的办法就是观察流行趋势，发现被创造出来的新需求，然后，在适当的时机提供服务，满足这些需求。

“潜意识是握有非自主功能、情绪和习惯的软件。人们大部分的习惯和情绪反应，在年幼时已经写入程序，那时根本不够成熟，没有过滤能力。许多程序通常由父母、师长、同伴、电视和最近风行的计算机游戏等随机写入。”《潜意识》一书的作者奥里森·斯威特·马登如是说。这句话的意思是，我们现在的潜意识是年幼时形成的。相比 70 后、80 后小时候玩泥巴、抓蛐蛐、做弹弓，现在的小朋友玩的是手机游戏、无人机等。因此，不同时代的人必定形成不同的潜意识，从而衍生新的文化原力。

在文化全球化的今天，人类的生活发生巨大变化，变得丰富多彩，来自世界各地的戏剧、仪式等互相交融，求同存异，个性文化融入了我们的生活。例如，西方的街舞、情人节、万圣节、圣诞节、西餐、西式婚礼等被引入国内，巧克力、钻戒、红酒、西装等商品也被国人接受。这就是新一代的文化原力。

文化原力是一种无穷无尽的资源，我们每个人都是文化原力的践行者。未来，本土亚文化会衍生出不一样的新兴文化——精英文化与个性文化。

品牌寄生或衍生于文化主体意识，在打造品牌时，只有用好这些文化，才能释放视觉力神奇的力量。所有的品牌都建立在文化主体意识之上。品牌建立在传统文化原力上，我们称之为“品牌寄生”；品牌建立在衍生文化原力上，我们称之为“品牌衍生”。

4. 准确描述文化原力，唤醒消费者的潜意识

准确描述文化原力是唤醒消费者潜意识的第一步。在描述文化原力时，可以采用文字、视觉符号、仪式。

以北京香木香羊餐饮品牌为例，香木香羊主打烤羊、羊杂、羊汤，那么与羊相关的文字、视觉符号、仪式，就构成了文化原力。

文字：香木香羊起源于千年前的西夏，所以设计品牌标识时加入了西夏文字。

视觉符号：香木香羊选用的是宁夏的滩羊，什么样的视觉符号能够让人想到宁夏滩羊和宁夏烤全羊文化呢？经过调研发现，有千年历史的贺兰山岩画中有“羊图腾”这个视觉符号。

仪式：推出体现西夏饮食文化的全羊宴，顾客手抓食用羊肉。

将文字、视觉符号、仪式融入香木香羊餐饮品牌中，就会唤醒消费者的潜意识，使消费者产生大口吃羊肉的欲望和行为。

文化人类学家劳泰尔·拉派尔著有《文化密码》一书，其中讲到了克莱斯勒吉普车的文化原力。他询问了被调查者关于吉普车的最早记忆，那些人提供了几百个关于吉普车的故事，这些故事揭示了人们关于吉普车的原始记忆——马。

马象征着力量与自由。在消费者脑海中，关于吉普车的记忆或者关于马的记忆里有一部分是种族记忆或原始意象。例如，马就是汽车品牌牧马人的文化原力，这种文化原力能够唤醒消费者的潜意识，并且不受个人意识所控制。牧马人的车型设计凸显了马的形态，前栅栏和前灯就是马的脸，四个轮子就是马的腿，整体给人奔放、奔腾的感觉（见图 1–8）。

图 1–8　牧马人汽车

文化原力循环往复、永不停止，可以用一个真实的、具体的场景来描述。我们在寻找文化原力时，既要靠常识或认知，也要借助一些工具或者理念。

5. 嫁接文化原力，形成沟通视觉力

视觉力具有超强的唤醒、激活大脑神经的功能。

视觉力是营销传播中的重要利器，是人类认知世界的另一扇窗，是人类的沟通媒介和认知载体。人类很早以前就通过视觉力间接地、快捷地认知万事万物。例如，在古代战争中，烽火狼烟这一视觉力就意味着有敌情。视觉力的最大作用就是帮助我们减少传播中的沟通成本。

视觉力如何嫁接文化原力，从而成为沟通视觉力？

先来看一个红军革命题材电影中的场景：

大雪纷飞的晚上，有人在大声敲门。屋内的大娘心惊胆战地问："谁呀？"外面的应声道："我们是红军，他是小刘，我是小李。"大娘在犹豫，担心外面的人是坏人。这个时候，外面的人把戴在头上帽子摘下来，抖一抖帽子上的雪，露出了那颗闪闪的红五星。大娘从门缝中看见那颗红五星，就把门打开了。

或许你会问：为什么呢？红五星是什么？

在这里，是红五星传达了指令，红五星这一视觉力代表了红军，代表了信任。

“我爱纽约”（I Love NY）的标志也是嫁接文化原力的视觉力。“我爱纽约”是1977年由梅顿·戈拉瑟创作的一个图像标志。该图像嫁接了人类“I Love You”的文化原力。图像上方从左至右分别是大写的英文字母“I”和一个红心“❤”，图像下方从左至右分别是大写的英文字母“N”和“Y”（New York State的简称），如图1–9所示。

图1–9　我爱纽约

该标志被用于美国纽约州（不仅仅是通常所认为的纽约市）的旅游业宣传。在纽约州的纪念品商店和宣传手册中，都能看到该标志。

作为一个著名的旅游广告词和旅游标志，如今，“我爱纽约”已经被印在了全世界各地的许多商品上，如服饰、鞋帽和文具。这个标志已经超越了广告的范畴，成为一种流行的图案，并且取得了非凡的效果。

要形成沟通视觉力，就要保持视觉力的简单。人类讨厌复杂，复杂的视觉语言会增加沟通负担，增加沟通成本，蒙蔽人们的心智。

世界上所有学问的共同特征是什么？就是将复杂的东西简单化。简单！简单！还是简单！越本质的东西就越简单，简单是一种能力。

拉尔夫·瓦尔多·爱默生曾言：“没有比伟大更简单的事了，确实，做到简单就是成就伟大。”

越本质的东西越简单，越管用，也越常用。如果复杂，就不是本质。不管事物多复杂，核心根本只有一个，这个就是本质，找到它，然后在本质上下功夫。越本质的东西越让人成长，越让人进步。因此，购买指令创意应该是简单的。

心理学研究表明，消费者的注意力有限，他们只能记住有限的信息。任何复杂问题的解决方法在本质上都是简单的，因此你设计的购买指令务必要足够简单，并且保持简单。

简单和直接的创意远远比复杂的计划更有效果，与其在复杂的计划方面胜过对手，还不如设法在简单的创意方面永远走在对手的前面。

简单就是聚集问题本身。没有简单，问题就不能聚焦。再强的太阳光，如果不能聚焦，就不能穿过一张薄纸，而聚焦的太阳光可以点燃蜡烛，更聚焦的激光可以切割坚硬的钻石。

（二）顾客买点

1. 顾客买点就是顾客的“甜蜜点”

在营销传播中，营销者都想告诉顾客产品在功能上的优点，从而使顾客相信他们的品牌优于其他品牌。例如，一个苹果具有冰糖心、富含多种维生素、果肉密度高等优点。

在做这样的推广时，营销者会假设他们的顾客都是理性消费者，并且会很积极地看待和处理品牌推广的信息。但事实上，顾客并不会对这样的信息感兴趣。这听起来很不幸，但这是事实，除了一些稀有的特例。因为顾客感兴趣的只是他们想感兴趣的点，笔者称这个点为顾客的“甜蜜点”。

“甜蜜点”是高尔夫专业术语，意思是每一支球杆的杆头都有一个用于击球的最佳落点，能与球碰撞出最为“甜蜜”的美好感受。在营销传播中，顾客的“甜蜜点”可以归纳为顾客的痛点、关注点、爱好。

与以产品为导向的卖点不同，买点是以消费者为导向。卖点不一定是消费者所看重的，而买点必定是消费者所需要的。顾客买点，就是顾客的“甜蜜点”。从顾客出发进行产品开发时，应该区隔于其他品牌，聚焦于顾客尚未被其他品牌解决的问题，从而形成品牌的顾客买点。

以苹果为例，从顾客出发，通过对顾客的访谈调研发现，脆和甜是顾客购买苹果时最为关注的“甜蜜点”。林芝苹果生长在海拔高的南迦巴瓦峰，日照长，又脆又甜，正符合顾客买点。

顾客买点储存在顾客的大脑记忆中，是一个个鲜活、明晰而独特的品牌核心词汇和概念；它赋予品牌价值，是说服消费者、说动消费者购买的因素。

2. **最大的顾客买点是品类价值**

顾客在购物过程中，以品类思考，以品牌表达。最大的顾客买点是品类价值，其次是品种价值，再次是产品特质、特点。

我们先来看看什么是产品的品类。例如，饮料的功能就是解渴，产品具有这个功能，其品类就是饮料，所以矿泉水是饮料，可乐是饮料，绿茶是饮料，啤酒也是饮料。

品类是产品的第一个分类，是个大类。例如，饮料可以分为含酒精饮料和不含酒精饮料，含酒精饮料又包括红酒、啤酒、轻度鸡尾酒等。谁抢占了品类第一的位置，谁就成为该品类的代名词，谁就成为大品牌，甚至是超级大品牌。

品类价值是商品能站到货架上被消费者选择的第一个基础，有了这个基础，商品就得到了一个与其他同品类商品站在一起展示的机会。消费者在心智上追求简单，品类价值可以帮助消费者简化心智，快速决策。

当我们没有占据品类第一的位置时，就要发掘品种价值，从而创建顾客买点。例如，顾客在啤酒品类区会根据啤酒的品种来选择。比如：要新鲜，就选择纯生、鲜啤酒；要口感好，就选择果味啤酒；为了安全，可以选择无醇啤酒；等等。“纯生、果味、无醇”这一层就是品种价值，就是顾客买点。

以泰山啤酒（见图 1-10）为例，如何表达品种价值呢？我们可以说我们卖的是 7 天生啤酒原浆，于是，购买者就会得出一个结论，即这个啤酒一定非常新鲜、非常好喝。我们也可以说我们卖的啤酒在 24 小时内送达，购买者也会得出一个结论，即我们卖的啤酒能快速送达，非常新鲜。我们还可以说我们卖的啤酒是无醇的，购买者也会得出一个结论，即我们卖的啤酒非常健康。这就是我们的品种价值。

图 1-10　泰山啤酒

3. 顾客买点的三个层级

- **产品就是顾客买点**

产品就是顾客买点，就是顾客买点的一个实物体现，产品体验就是顾客买点的功能验证。消费者是通过体验实物的方式来体验顾客买点的。我们要记住产品就是顾客买点，产品是激活文化原力的道具，激活的方式是使用超级词语。消费者购买的不是产品，而是顾客买点。消费者可以通过饮用维生素功能饮料的方式体验“精力十足、精神满满”的效果。

- **包装就是放大顾客买点**

包装就是放大购买理由，怎么放大？到文化原力当中寻找视觉符号，寻找有视觉冲击力的符号。还是以苹果为例，我们说这个苹果是珍贵的藏雅圣果，从中提取的视觉符号就是西藏的文字和八宝图形。当我们的包装盒选用了西藏元素和深红色，它在货架上便获得了最强的视觉冲击力，顾客买点就得到了放大。在购买完成后，消费者通过品尝就会完成对顾客买点的验证：这个苹果确实珍贵，尝起来确实是又脆又甜。

文案就是证明顾客买点。文案是附着于顾客买点的，在设计文案时，每个字都必须紧紧围绕顾客买点。消费者只关心一件事情，那就是顾客买点。所以，文案的本质就是罗列证据，而且是快速罗列证据，快速罗列购买理由。

- **广告就是传播顾客买点**

广告的本质就是传播购买理由。广告就是要找到文化原力，通过传达顾客买点去激活消费者所携带的文化原力。所有的营销传播活动都是围绕着文化原力和顾客买点而展开的。顾客买点触发购买，广告的目标就是通过传播顾客买点触发购买。

在营销传播中，认知重于事实。当我们走在商场上，看到平面广告上写着“一町拉面”时，我们会认为它的顾客买点是什么呢？它以前的顾客买点是“一面之缘、一生相伴”的保鲜面。但是后来它改变了顾客对这个产品的看法，把这个产品变成了“新鲜”的面，这是对顾客买点的彻底改变。有了这个“鲜”字以后，这个产品就发生了改变。还是之前的面条，还是那些配料、成分，但它已经不再是原来那个产品了。广告就是传播顾客买点，就是建立顾客对产品的认知，我们的一切传播都要围绕着顾客买点。

（三）第一眼思维

1. 在注意力稀缺的时代，第一眼就让消费者看对眼

诺贝尔经济学奖获得者赫伯特·西蒙（Herbert Simon）在预测当今经济发展趋势时指出，随着信息的发展，有价值的不再是信息，而是注意力。

在信息大爆炸的时代，人们的注意力不断地被切割成碎片，而人们的记忆力有限，接收的信息量就更有限。因此，产品如何更好地抢夺用户的注意力就成为一个难点。在新媒体时代，品牌之间的战争已经变成了注意力争夺战。

在注意力稀缺的情况下，阅读顺序对营销传播的成败具有极为重要的影响。如果我们的营销传播内容以文字为主，就会出现两个情况：一是不会引起消费者的注意；二是即使引起消费者的注意，消费者也必须逐字逐句地阅读传播内容，容易出现视觉疲劳，那么注意力就下降，阅读速度就一定会慢下来，这样就会阻碍消费者认识、理解传播内容，最终阻碍消费者购买。

由于注意力稀缺，营销传播必须实现第一眼就让消费者看对眼，而看对眼就要靠视觉力。赢得注意力争夺战的关键点就是通过视觉力，先吸引消费者的眼睛，再让消费者看对眼，进而触发消费者购买。

营销传播的目的就是让消费者看对眼——说服消费者相信我们的品牌，购买我们的产品。

当一个品牌推出新产品时，通过营销传播告知消费者这个新产品的存在，让目标人群喜欢该产品，并实现购买行为。在整个传播过程中，利用广告信息、商品包装吸引目标人群的注意力，利用促销活动使消费者对这个产品感兴趣，刺激消费者产生拥有这个新产品的欲望，从而采取购买行动。那么，消费者能否产生刺激反应、刺激反应是否强烈就至关重要。

在营销传播中，要让消费者看对眼，就要通过视觉力最大限度刺激消费者的视觉神经。根据巴甫洛夫的刺激反射原理，人类的一切行为都是刺激反射行为。如果我们希望消费者有购买行为的反射，就要先给他一个刺激信号。

营销传播会释放出一个刺激信号，这个刺激信号要使顾客对上眼，最终谋求的是顾客的一个行动反射。这一点是关键，我们要的是顾客的行动。

2. 与消费者沟通时，要着眼于第一眼思维

当商品静静地待在货架上时，它在渴望有人把它买走，但它真的是静静地待在那里吗？不是的。商品在很努力地推销自己，通过它的颜色、形状所构成的视觉力，拼命地吸引消费者的注意。

在媒体上投放商品广告，也是在渴望目标受众看过后，记住并购买商品。在媒体环境里，当消费者的注意力第一次停留在我们的品牌上，接收到我们传递的信息时，商品和品牌与消费者之间的关系就发生了根本的改变。即商品第一眼被看见的同时被了解。所谓被了解，就是消费者了解我们的顾客买点。

一旦消费者与商品之间有了第一次亲密接触，消费者了解了商品的顾客买点，他就有两件事情可以做：

一是不需要我们的商品，并立即走开；

二是商品唤醒了他的潜意识，激活了他的意识行为，于是他就会把商品拿起来看看。

沟通发生是一个触发点，比后续的购买体验要重要得多，我们要做的就是竭尽全力让沟通得以发生。因此，首先要让消费者注意到，要让他在商场货架上看见我们的商品，而这需要发挥视觉力的核心作用。我们一定要反复考察消费者能不能看到我们的商品。

3. 利用好广告信号，造就“第一眼”视觉力

要让消费者第一眼就对我们的商品产生兴趣，就需要广告，而且要最大限度地广而告之。

从经济学角度来看，广告就是企业为了应对信息的不对称，给顾客发信号。广告就是发信号，一个信号是视觉力，另一个信号是媒介。

广告就是发信号，要提高广告效力，信号就要视觉化，要有视觉冲击力。信号越聚焦，越有视觉冲击力，则信号越强、越有效。例如，放大的图形、文字，纯正的颜色都可以增强“第一眼”的视觉化信号能量。

广告就是发信号，要提高广告效力，信号就要“贵”。这个“贵”体现在媒体上，媒体越“贵”，则信号越强、越有效。“贵”的媒体，本身就是有权威力、公信力和影响力的信号。例如，中央电视台、新华社、机场内广告大牌，这些媒体具有普通媒体所没有的“第一眼”信号能量。

广告就是发信号，要提高广告效力，信号就要重复。信号越重复，则信号越强、越有效。我们要利用“重复曝光”效应，让看到广告的消费者记住品牌的核心信息，形成再忆、回忆。每一年度，我们都要利用一切机会向目标消费者重复发送同样的广告信号，且持续时间越长，消费

者越记得住广告内容。

广告就是发信号，任何一个物料、道具都可以是广告，广告媒介化是打造“第一眼”信号的基础。一个小小的纸杯是广告，在纸杯上出现一次，是一次广告；门头是广告，在门头上出现一次，是一次广告；活动是广告，在活动上出现一次，是一次广告；衣服也是广告，在衣服上出现一次，也是一次广告。例如，星巴克的门店可以说是星巴克最大的广告，另外，一个门头、一个杯子、一个围裙、一个纸巾盒、一个手提袋等，都是星巴克的广告（见图 1-11）。

（四）视觉力

所谓视觉力，是指图形在视觉引力的统摄下，围绕某一个视觉中心点，所形成的势力范围和结构形态。画面是由多种视觉元素组合而成的，各元素间流动着由视觉中心发出的视觉引力，它虽然是不可见的形态，但却能通过图形间的相互关系明显地感受到。在统一的营销传播中，所有的造型、颜色等视觉元素都受到视觉引力的支配，设计者也正是利用这种视觉上的动力，创造着营销传播的形式结构。

1. 视觉力赋予营销传播生命力

视觉力赋予营销传播生命力，给消费者和品牌商都带

图 1-11　星巴克广告

来了便利。

一切传播都是符号的编码和解码。比如，我们与消费者沟通时用中文编码，然后传播给消费者；消费者接收到中文信息，在大脑解码后就能明白我们所表达的意思，然后做出对应的行为反射。在非语言传播中，信息浓缩、意义指向明确的视觉符号，则更便于编码和解码。

有句话说："一图胜千言。"在营销传播中，采用视觉符号将品牌的卖点、特点、定位等核心信息，提炼为精准的视觉编码，传播给消费者，将便于消费者对品牌信息进行解码。

视觉力在顾客买点上嫁接了文化原力，能够唤醒消费者的潜意识，激活消费者的意识，帮助消费者发现商品价值和顾客买点，并说动消费者购买商品。

视觉力赋予营销传播生命力，提高了营销传播的沟通效率。

相关资料表明，人的大脑70%由视觉所主导，人们主要通过视觉来识别、记忆和做出决策。因此，品牌需要一个强大的视觉力帮助消费者认识、理解商品的价值，并在消费者大脑里留下印记，触动消费者购买。

2. 视觉力用于快速沟通，传达价值

营销传播的成功取决于两点：一个是具有足够强大的视觉冲击力，另外一个是商品能够使消费者产生共鸣，也就是符合顾客买点。其中，视觉力是促使沟通发生的最重要的工具。

视觉力决定沟通的效率和成败，规划视觉力沟通的阅读顺序和阅读速度，是沟通有效率和获得成功的关键。优秀的视觉力，能够在应用极少的情况下被看见，传达我们所融入的商品含义。

我们要让消费者看到我们的商品或品牌，就要依靠视觉冲击力。消费者容易看到什么？消费者容易看到的是他感兴趣的东西，容易看到的是他自身携带的文化原力所指向的那些意义。

在商品信息与消费者第一次接触时，要让消费者找到感觉，就要把最重要的顾客买点、最重要的文化原力，以最具有视觉冲击力的方式表达出来，让它呈现在包装上，呈现在海报上，呈现在所有的宣传物料上。

3. 视觉力表达顾客买点，传播核心价值

传播是人与人之间、人与社会之间，通过有意义的符号进行的信息传递、信息接受或信息反馈活动的总称。传播就是内容的编码和解码。传播的根本目的是传递信息。

我们通过视觉力符号对营销传播的内容进行编码，传播给受众；受众接收到信息后，通过解码得到我们想要告诉他的信息和指令，然后加以理解并做出决策。

需要注意的是，一个视觉力符号无法把我们想要表达的东西全部表达出来。没有人能够把他想要表达的东西全部表达出来，因为编码本身难度就很大，我们会发现每次自己想要说一件事情时，总会觉得难以说清楚。

在实际传播中，因为编码本身就很难，所以视觉力要表达顾客买点，传播核心价值，而不是表达过多的内容。现实中，品牌商总是期望表达更多的营销信息，甚至全部的内容，这是违背传播规律的。

同时，我们对内容进行提炼，再加工，形成视觉力符号，把它传播出去，也不能够保证所有人都接收到，因为传播的过程是有很大损耗的，与接收者的解码知识和解码环境有很大关系。

由于信息编码的效率一般来说是有限的，传播的损耗又是极大的，因此，视觉力创意方法就是要解决编码效率和传播损耗的问题。

4. 视觉力的三要素

视觉力也具有“力”的三要素，即方向、作用点、大小，如图 1-12 所示。

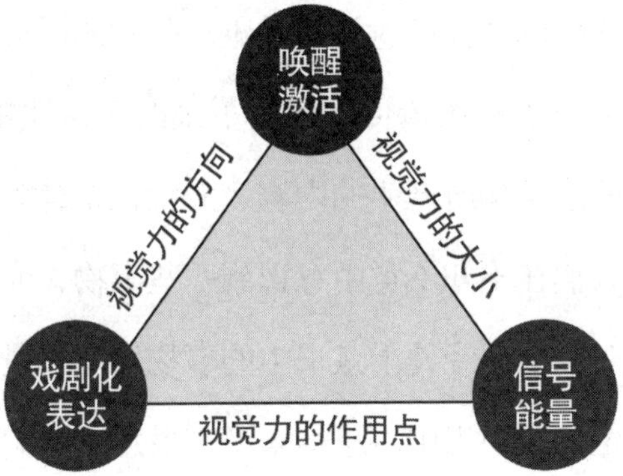

图 1-12　视觉力的三要素

从营销传播的视角来看，视觉力的方向是“唤醒消费者的潜意识和激活消费者的意识”，作用点是“旧元素新组合”的戏剧化表达，大小是“信号能量”。

从目标受众的视角来看，视觉力是指大脑对视觉信息的理解能力，其核心特征是使人快速阅读。

视觉力的方向、作用点、大小的创意表现具体如下。

第一，视觉力的方向：唤醒消费者的潜意识，激活消费者的意识。

视觉力传播不是要说服消费者，而是要说动消费者，说动消费者购买我们的商品。

视觉力传播最高效、最快速，沟通成本最低，能够唤醒消费者的潜意识，激活消费者的意识。

视觉力始于“自动式思维系统”的集体潜意识。如果说品牌是驱动人类行为乃至整个社会体系运转的一种力量，那么人们的集体潜意识就是驱动品牌的无形力量。

集体潜意识是由遗传所保留下来的普遍性精神机能，即由遗传的脑结构所产生的内容。潜意识是意识的一种状态，是指人们在不知不觉中意识到一些事物，或者在长期的行为中对原来已经处于意识中的事物逐渐习惯化了，不是处于清楚的意识当中。总结来说，潜意识影响我们的决策行为，尤其是购买行为。

第二，视觉力的作用点：嫁接文化原力，戏剧化表达。

我们在打造视觉力创意时，需要考虑文化母体的原始力量，我们称之为文化原力。

《孙子兵法》云："激水之疾，至于漂石者，势也。"湍急的流水能够冲走石头，这里的"势"其实就是"原力"。

将文化原力嫁接到视觉力，通过"旧元素新组合"实现戏剧化表达，就能赋予视觉力无与伦比的创意势能，并得到最有能量、最有效的超级视觉力。

基于文化原力，即消费者内心潜在的力量、能量的视觉力创意，能够唤醒蕴藏在消费者大脑中的集体潜意识，让消费者对购买理由、购买指令、购买刺激快速做出反应。

谈到戏剧化表达，不得不提到著名广告人李奥·贝纳，他认为，广告创意最重要的任务是把产品本身固有的刺激发掘出来并加以利用，他把这种刺激称为与生俱来的戏剧性。他创作的绿巨人（Green Giant）形象，就是非常经典的戏剧化表达，如图 1–13、图 1–14 所示。

快乐的绿巨人将该品牌人格化，让该品牌看起来更有创意。绿巨人形象在品牌和消费者之间建立了情感纽带，而这是语言文字本身无法做到的，也因此，绿巨人一度成为美国市场上冷冻蔬菜的领先品牌。

Green Giant
Niblets Sweet Corn
NEW
Green Giant
SIMPLY STEAM
STREET CORN
SOUTHWESTERN STYLE
CORN, PEPPERS & SEASONING
INSPIRED BY
ORTEGA
STREET TACOS

图 1-13　绿巨人产品

In the Valley of the Green Giant
Why the Green Giant harvests by moonlight
GREEN GIANT
Green Giant Good things from the garden

In the Valley of the Green Giant
The Green Giant plants a very special seed
so his Niblets Corn will have a very special flavor
Niblets
Green Giant Good things from the garden

图 1-14　绿巨人广告

作为视觉力创意方法，戏剧化表达就是把商品与生俱来的戏剧原力发掘出来并加以利用，也就是说要发现商品能够推出的“原因”以及消费者购买这种商品的“原因”，对其进行重新组合，即“旧元素新组合”，从而形成戏剧化冲突。

戏剧化表达要力求朴实简单，不能太标新立异。要吸引消费者，就要像吸引鱼儿上钩一样，不能暴露出自己的鱼钩来。

戏剧化表达在于有效说服消费者，使消费者采取行动。要使戏剧化表达能说服消费者，关键在于仔细研究商品自身的独特性。一般说来，每一个商品都有某种特定的元素，如文化原力、顾客买点，它们发挥着重要作用，在打造视觉力创意时，要尽量采用戏剧化的手段去表现它们，以引起消费者的注意。

因此，在信息中增添新意，以独特、创新、有趣的戏剧化方式将你要表达的信息传达出去，就能唤起消费者的情感，这就是好的视觉力创意，就是有说服力、说动力的视觉力创意。

第三，视觉力的大小：通过图形符号化、颜色单纯化构建信号能量。

要使视觉力的信号能量最大，传播的效率最高，在创意设计上必须做到图形符号化、颜色单纯化。例如，箭头、五角星、心形等图形符号，简单易懂。单纯的对比色，如交通标志的颜色红黄绿，能够带给人很强的视觉冲击。可以说，图形、颜色越简单、醒目，其越有冲击力、吸引力，信号能量就越强，传播效果就越好。

符号的功能有三个，分别是指称识别功能、信息压缩功能、行动指令功能。

我们要找到一个符号，一是让消费者能够识别我们；二是能够浓缩我们的价值信息，影响消费者的看法，让消费者喜欢我们；三是能够指挥消费者购买我们的商品，并推荐给亲友。

为了学会使用符号，我们必须对其予以深挖，搞清楚符号背后的逻辑。符号学专家皮尔斯认为，符号的表意过程涉及三个核心部件，即符号、对象和解释项。他认为符号是一个内部不可分的整体，并一再强调符号过程是一种目的过程，符号、对象和解释项的三元关系是一种心智关系。举个例子，交通信号灯（见图 1–15）是一个符号，司机是对象，红灯停、绿灯行便是解释项，司机根据看到的交通信号灯而行事，三元关系整合统一、不可分割。

符号能够帮助你的品牌在传播过程中，减少与消费者沟通的成本。研究图形符号化，就是谋求将记忆碎片中最

图 1-15　交通信号灯

小的一片打造成一个品牌符号，并达到三个效果：每个人记住的都是同一片；一记就牢，不容易忘记；能承载品牌的身份及价值，实现零损耗传播。

这里需要补充一点，图形、颜色、版式的创意表现要遵循形式美法则。

形式美法则，是人类在创造美的形式、美的过程中对美的形式规律的经验总结和抽象概括，主要包括对称均衡、单纯齐一、调和对比、节奏韵律和变化统一等。我们应该研究、探索形式美法则，从而形成有形式美的视觉力创意，达到美的形式与美的内容的高度统一。

极致的形式美表现为艺术，艺术占据审美价值的制高点，能够为品牌赋能，不仅增强视觉力的审美感知，还降低与消费者的沟通成本。

除了开展视觉力的创意设计之外，还要通过媒介、营销活动来引爆视觉力。例如，在中国央视春晚、北上广深市中心、美国纽约时代广场投放广告能够带来顶级的信号能量。最后需要强调的是，要提高视觉力的信号能量，需要不断重复。只有不断刺激消费者的感官，不断唤醒消费者的潜意识，才能产生超级视觉传播力。从长远来看，视觉力信号的重复记忆需要跨越时间这道坎，时间越长，刺激越大，传播效果越好，品牌力就越强。

第二章

视觉力系统

消费者在购物时依赖于对品牌标识、符号、片段、故事的记忆，这些记忆最终会以图像的形式呈现出来。

根据企业的行业属性、产品品类的不同，视觉力符号的数量也有所不同，例如，可口可乐的瓶型、标志、红色、流线型图形都是视觉力的内容。通常来说，人们对某个品牌的视觉力元素的记忆越深刻，则该品牌的视觉力就越强。

研究视觉力，就是谋求将记忆碎片中最小的一片发展成为营销力、品牌资产，为此需要三位一体的视觉力方法。

实践中，视觉力系统包括中心层、中间层和外围层三个层级，如图 2-1 所示。

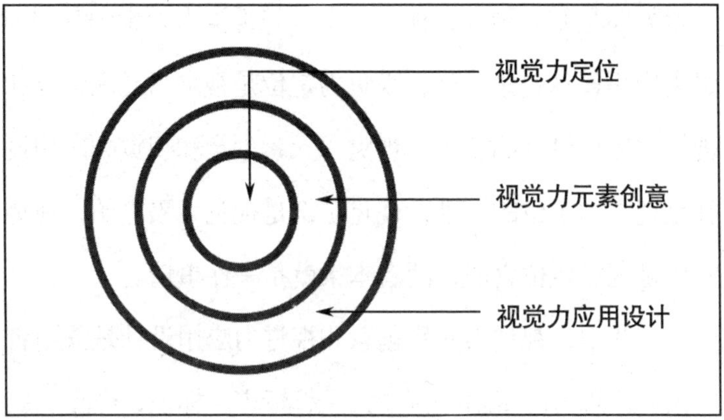

图 2-1　视觉力系统

（1）中心层是视觉力定位，包括视觉力与生俱来的定位。

（2）中间层是视觉力元素创意，包括产品、标志、战略标识、IP 卡通形象的创意。

（3）外围层是视觉力应用设计，包括包装、广告，以及店面、活动等接触点的创意。

视觉力创意体验的重要原则是：同一个记忆碎片，同一个品牌印象，解释同一个品牌意义。

对于视觉力定位、视觉力元素创意、视觉力应用设计三位一体的关系，我们需要有哲学级的洞察。心学大师王阳明提出了“知行合一”的观点：知是行的意识，行是意识的流动，知行本来为一体，是同一个事情的两个方面，知就是行，行就是知，知之真切笃实处即是行，行之明觉精察处即是知。同理，视觉力定位与视觉力元素创意和视觉力应用设计也是一体，视觉力定位是视觉力元素创意和视觉力应用设计的意识，视觉力元素创意和视觉力应用设计是视觉力定位的流动；视觉定位是视觉元素之始，视觉元素是视觉定位之成，两者本来就是一件事情。

实践中，视觉力元素创意和视觉力应用设计是营销者应该整体思考的事情。例如，品牌标志、标识、产品、广告、包装、店铺、物料等的视觉力创意要在一个系统里面来完成。

视觉力一定要聚焦，要将记忆碎片中最小的一片打造成一个视觉力符号，并达到三个效果：每个人记住的都是同一片；一记就牢，不容易忘记；能承载品牌的身份及价值，实现零损耗传播。投资一个视觉力符号，用这个视觉力符号来深入目标受众等的心智，进而进击市场，这就是低成本打造视觉力的正确方法。

第三章

视觉力定位

在视觉传播中要利用接收者的潜意识，让接收者在脑海里完成对编码的认知。也就是说，发送者发送的并不是最终编码，而是一个“观念爬虫”，这个“观念爬虫”并非要创造更多的编码信息，而是充分利用接收者先前已有的经验。

视觉化创意的关键点在于用文化原力唤醒消费者大脑中的潜意识，通过媒介信号，引起消费者的购买刺激反应，使消费者做出购买决策，并形成大规模的转播，最后使定位信息占据消费者的心智。

一、视觉力定位的原理

视觉力定位要遵循心智占有原理、符号创意原理、刺激－反应原理、媒介信号原理和转播原理。

（一）心智占有原理

对传播的理解：一切传播都是为了占据接收者的心智空间。

记忆是一种基本的心理过程，与其他心理活动密切关联。人们学习、工作和生活都离不开记忆这一基本机能。

在品牌传播中，把抽象无序转变成形象有序的过程就是记忆的关键。为了让消费者记住我们的品牌，需要根据消费者心智进行准确的视觉力定位。我们要评估视觉力定位与市场已有的品牌是否有区隔，是否能形成自身的独特优势。

消费者的心智空间是有限的，我们所做的一切传播都是为了抢占消费者的心智空间。我们在传播之前，要先判断视觉力定位是否体现文化原力的价值唯一性，然后审查是否具有先发优势，因为先发制人至关重要。

视觉力定位就是，找到消费者心智中的触发点，嫁接文化原力，唤醒消费者的潜意识。

（二）符号创意原理

对传播的理解：一切传播都是符号的编码和解码。

信息加工理论认为，记忆过程就是对输入信息的编码、存储和提取的过程。只有经过编码的信息才能被记住，编码就是对已输入的信息进行加工、改造，编码是整个记忆过程的关键阶段。

传播是人与人之间、人与社会之间，通过有意义的符号进行的信息传递、信息接受或信息反馈活动的总称。

一切传播都是符号的编码和解码。在品牌传播中，要通过符号创意方法将品牌的卖点、特点、定位等核心信息，提炼为精准的信息编码，传递给消费者。

（三）刺激－反应原理

对传播的理解：一切传播都要回到行动这一本质。

巴甫洛夫的刺激反射原理告诉我们，人类的一切行为都是刺激反射行为。如果我们希望顾客有购买行为的反射，就要先给他一个刺激信号。

营销传播会释放出一个刺激信号，这个刺激信号要干什么呢？要谋求顾客的一个行动反射。这一点是关键，我们要的是顾客的行动。

（四）媒介信号原理

对传播的理解：一切传播都是媒介的传送，信息即媒介。

所谓媒介，在传播学意义上是指利用媒质存储和传播信息的物质工具。

信息即媒介，也是真正有意义的媒介。例如，知名的商标，能带来文化共鸣的包装、广告，既是信息，也是媒介。

（五）转播原理

对传播的理解：一切传播都是为了使一部分人转播给另一部分人。

品牌传播的对象是消费者，消费者除了扮演受众和购买者的角色外，还有一个角色，就是传播者，即消费者体验了我们的品牌后，会转播给别的消费者。我们传播可记忆、可描述的品牌信息，除了发动消费者自己购买外，另一个目的就是方便消费者转播给别的消费者，形成传播裂变。

二、视觉力定位的品牌实践

判断一个视觉创意是否具有超级视觉力，是否具有营销传播的价值，要看以下三个指标。

第一，能不能表达品牌价值。

第二，能不能被消费者识别并记住，是否便于消费者向他人转述。

第三，是否能发出顾客购买的行动指令。

视觉力定位要达到易于识别、便于记忆、方便表述三个目标。

（一）爱马仕品牌的视觉力定位——马、马车

1837 年，爱马仕开设了第一间马具专营店。爱马仕的品牌标志如图 3-1 所示，其中马和马车图案传递了爱

图 3-1　爱马仕品牌

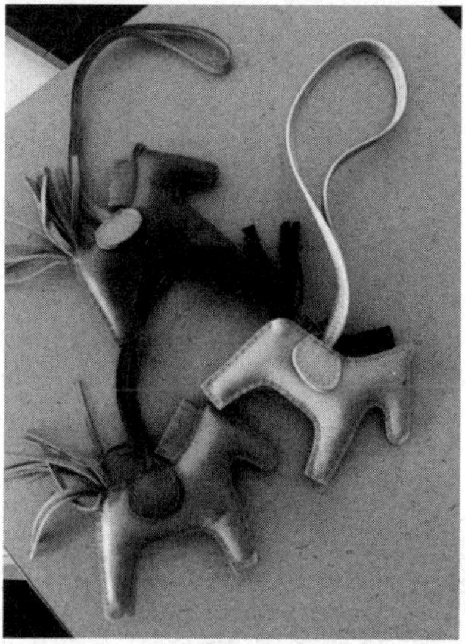

图 3-1 （续）

马仕从经营马具开始的悠久历史。爱马仕一直以精美的手工和贵族式的设计风格居于经典服饰品牌之列。它奢侈、保守、尊贵，整个品牌由整体到细节，再到它的专卖店，都显示出以“马文化”为中心的深厚底蕴。

（二）鼎成中考品牌的视觉力定位——靶心

在全国不同的省份，中考的考题不一样，使用的教辅资料也有差别。鼎成中考教辅资料是河南本地的老师编写的，在辅导方向和内容上更为精准。那么，如何通过视觉力定位表达“精准”的含义呢？精准不是目的，精确地瞄准真题，击中中考的靶心才是目的，因此，鼎成中考品牌的视觉力定位就是靶心（见图 3-2）。

2022河南
鼎成中考精准提分
历史
鼎成中考
精准提分
主编 鼎成
第9年 第9版
2022河南
历史
鼎成中考
中考仿真卷
2022河南
数学

图 3-2 鼎成中考品牌

（三）槐茂品牌的视觉力定位——大槐树

槐茂酱菜的前身是槐茂酱园，创立于 1671 年，位于河北省保定市西大街路北一棵大槐树底下，因槐树紧靠门脸，故起字号“槐茂”，象征兴隆茂盛之意。槐茂品牌的视觉力定位为大槐树，传递了槐茂 300 余年的历史文化（见图 3–3）。

图 3–3　槐茂品牌

（四）中兴品牌的视觉力定位——年轻、活力、自由

万物互联的时代，世界发生着日新月异的变化。在这样一个快速发展的时代，中兴需要做出改变，去顺应和引领这个时代。为了更符合时代的特点，中兴在品牌标识设计上使用了浅蓝色，以提升年轻感和活力；选择了圆润柔和的字形，以凸显互联网时代和谐融合、灵活互动的特点；采用了流动的造型，寓意信息的自由流淌和想象力的不断延伸（见图 3–4）。

图 3-4　中兴品牌

（五）立高品牌的视觉力定位——蓝条纹

立高是烘焙品牌，条纹是烘焙业的公共文化符号，通过条纹能够天然地联想到烘焙。条纹是最基本的二方连续纹样，条纹之美在于它的简洁、理性、规律，以及它的秩序和可重组性。蓝色是新鲜的，蓝色是干净的，代表立高食品的品质，如图 3-5 所示。

图 3-5　立高品牌

图 3-5 （续）

（六）南山疾控中心健康宣传标识的视觉力定位——“康康鸽”

在中国古代，飞鸽传书是人与人之间联系的一种方式，即将信件系在鸽子的脚上，然后放飞鸽子，由鸽子将信件带给收信的人。因此，在中国文化中，鸽子被视为信使。

深圳南山疾控中心以鸽子为文化原型设计出了健康宣传形象大使“康康鸽”。“康康鸽”为健康的信鸽形象，寓意信鸽化身为健康知识的信使，给广大市民带来健康知识与快乐（见图 3-6）。

（七）藏雅圣果礼盒的视觉力定位——珍贵的东方礼品

藏雅圣果礼盒嫁接了西藏八宝、布达拉宫、藏文字

图 3-6 康康鸽

形、云纹、水纹等文化原力，例如，“藏雅圣果”四个汉字仿照了藏文字形，包装周围有图形化的南迦巴瓦峰、雅鲁藏布江，突出了藏雅圣果的产地——林芝。此外，在包装颜色上使用了苹果的红色和金色，这也是中国礼盒的经典颜色（见图 3-7）。

视觉力定位的最终目的是通过打造一个核心视觉符号来强化品牌营销传播的效果，包括：每个人记住的都是同一片；一记就牢，不容易忘记；能承载品牌的身份及价值，实现零损耗传播。

图 3–7　藏雅圣果礼盒

第四章

视觉力创意

著名的广告人李奥·贝纳曾言，广告创意就是发挥产品与生俱来的戏剧性。

视觉力的戏剧化表达能激发诸多感觉和想法，一个视觉图像会勾起别的图像，唤起消费者的记忆和情感，甚至会引发微笑、积极参与的肢体行为，消费者也会将这些感觉和想法编成一个与自己的处境有关的完整记忆，在潜意识里生成印象和冲动。

任何视觉力创意，其本质都是“旧元素新组合”的戏剧化表达。作为创意人，你必须具有把已知的东西与可信的东西放在一起重新组合，并激发出趣味的能力，这样才能真正打动消费者，直指人心。

视觉力的戏剧化表达建立在文化原力之上，戏剧化语言不能太标新立异，要吸引顾客，就要像吸引鱼儿上钩一样，不能暴露出自己的鱼钩来。

一、视觉力创意方法

（一）视觉力形状创意方法——戏剧化表达

“旧元素新组合”的戏剧化表达，主要方法有移花接木法、张冠李戴法、艺术修饰法、无中生有法、正负互补法、品牌人格化法，下面分别介绍这六种方法。

1. 移花接木法

移花接木的意思是将某种花木的枝条嫁接在另一种花木上。在视觉力创意中，就是将新的图形元素嫁接到旧元素上面，这样人们看到品牌时就会有似曾相识的感觉，从而快速地认知、记住这个品牌概念。

关于移花接木的研究，应当说源于格式塔心理学。格式塔心理学（20 世纪初发源于德国的心理学派别）可以说是形的心理学，该理论提出“图形论”，即当外物与艺术形式中体现的力的式样与某种人类感情生活包含的式样达到异质同构对应（移花接木）时，事物与艺术形式就具备了人类情感的性质。

移花接木的视觉表达，让人一看就似曾相识，感觉既在意料之外，又在情理之中。移花接木体现了“注重整体”的观念，强调美学质量，要求构成体自然而又合理。移花接木还体现了“注重相互统一”的观念，即合理地解决物与物、形与形之间的对立、矛盾，使之协调、统一。比如：将眼睛里的“眼球”比喻成“地球”，就有了“放眼全球”的创意；将“啤酒珠”比喻为“西湖桥”和“西湖石塔”，就体现了西湖啤酒的寓意（见图 4-1）。

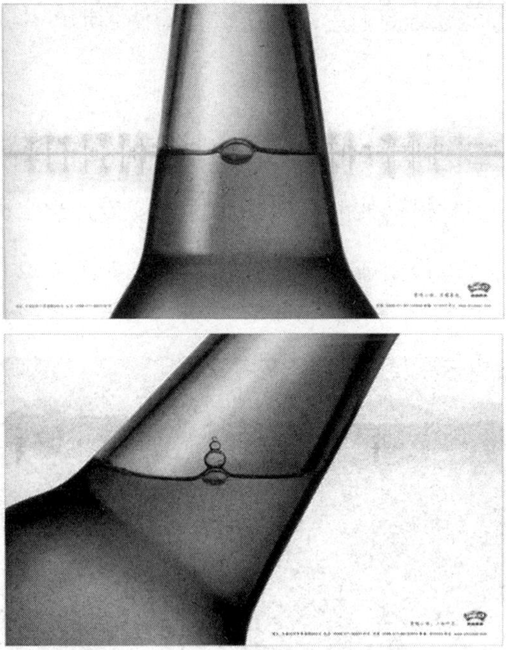

图 4-1　西湖啤酒的移花接木

2. 张冠李戴法

张冠李戴的意思是把姓张的人的帽子戴到姓李的人的头上。张冠李戴的视觉基本特征是，物体中的某一部分被其他形状相类似的图形所替代，从而形成一种异常组合形式，这种组合形式很容易吸引目标受众的注意力。

在创意的世界，对任何物体与生命体都能根据结构和功能的需要进行合理组合，它们都有各自的逻辑性和合理性，都有可能形成新的视觉形象。

张冠李戴这种幽默的“旧元素新组合”，虽然能够保持物形之间的结构不变，但逻辑上却使图形产生了更深远的意义。

例如，Fairlife 品牌专卖标榜低糖和高蛋白质的高价牛奶，广告中身材窈窕的女模摆出诱人姿势，身上被泼洒牛奶，乳白液体替换成各种样式的裙子，如图 4–2 所示。

图 4–2　Fairlife 品牌牛奶广告

3. 艺术修饰法

著名广告大师比尔·伯恩巴克说，说服不是一门科学，而是一门艺术。视觉力创意是说服的艺术。

在品牌营销中，视觉力的艺术修饰是提升品牌溢价极为重要的方法。艺术修饰是在特定的思想意识支配下对某一个元素或多个元素组合的一种蓄意刻画和表达，有时是美学意义上的升华，有时富含深刻的哲理，给人们以启发。例如，可口可乐、唐风茶叶的视觉形象，在设计中就使用了艺术修饰的创意方法（见图 4–3、图 4–4）。

图 4–3　可口可乐

图 4–4　唐风茶叶

4. 无中生有法

“无中生有”本来是道家的哲学思想，后来人们使用它的字面意思，一般是指凭空捏造。在创意领域，无中生有并非贬义，善于运用这个方法，能够给视觉创意注入新活力。例如，在红金龙广告中，通过无中生有法设计的宇航员形象成为视觉的中心（见图 4-5）。

图 4-5　红金龙广告

5. 正负互补法

在视觉设计中，正负形由原来的图底关系转变而来。正负形有着独特的空间组织特征，正形与负形既能独立成为知觉整体，又有交替出现的运动效果，它极大地丰富了视觉设计的空间层次表现。我国的太极图就体现了这一创意特征，如图 4-6 所示。在佳美装饰公司的品牌标志中，用八卦卦象、装饰墙与佳字形成正负互补，如图 4-7 所示。

图 4-6　太极图

图 4-7　佳美装饰

6.　**品牌人格化法**

在品牌营销中，品牌人格化具有重要作用，有利于引起消费者的注意，唤醒消费者的潜意识。品牌人格化是指将消费者对产品或服务各种特性的理解和看法转化成有人性的特征。为此，需要识别现有品牌和人格之间的关系，并将品牌与人的个性特点相联系。爱知世界博览会的森林小子和森林爷爷，在设计时就运用了品牌人格化的表现方式，如图 4-8 所示。

图 4-8　森林小子和森林爷爷

（二）视觉力颜色创意方法

从视觉战略来说，颜色具有至高的战略价值。每个品牌都应该占据一个颜色，将这个颜色作为品牌视觉力元素，落实在产品、包装、广告上。

在视觉设计中，设计师采用的基本色有七个，即红橙黄绿蓝靛紫，此外还有黑色、灰色、咖啡色，以及其他的二级色，但二级色的识别度不够高，通常很少用。

1. 颜色要纯正，不宜过多

在终端市场上，颜色具有冲击力的商品在视觉上能够明显区别于其他商品，更富有购买诱惑力，并且可以刺激消费者的感官，增强消费者对品牌的记忆。

颜色设计在产品设计中占有特别重要的地位，设计时一定要有主色调，而且要选用纯正的颜色。颜色纯正的产品更容易从货架空间中跳出来，抓住消费者的眼球。例如统一阿萨姆小奶茶，其主色调为明快、清新、纯正的粉色，能够远远地吸引消费者的眼球（见图4-9）。

颜色是视觉力的重点，任何一种颜色都会对品牌受众的心理产生比较显著的影响。颜色设计时要遵循“少则得，多则惑”的哲学思想，讲求单一，不宜过多，要追求整体感。

图 4-9　阿萨姆小奶茶

2. 抢占颜色，使某个颜色成为唯一

如果你进入某个品类的时间比较早，那么你就可以先入为主，通过抢占某个特定的颜色建立品牌认知。例如，蒂芙尼（Tiffany）就抢占了介于蓝色与绿色之间的蒂芙尼蓝（Tiffany Blue）。自 1878 年被采用后，蒂芙尼蓝已经成为这一高端珠宝品牌全球门店的标志色。作为一个视觉力元素，这个颜色传达了蒂芙尼品牌的优雅和真实，其蒂芙尼蓝色礼盒（Tiffany Blue Box）更成为美国洗练时尚独特风格的标志（见图 4-10）。又如，中国银行就抢占了红色——中国红，如今中国红已经成为中国银行全球门店的标志色。

图 4-10　蒂芙尼蓝色礼盒

3. 颜色要契合文化

各国各地区的文化背景不一样，人们对颜色的喜好、禁忌也有所不同。例如，我国主流传统文化中以红色为喜庆、吉利之色，可是在西藏地区，人们崇尚白色，认为白色是哈达的颜色，代表纯洁、吉祥。在设计产品包装礼盒时，西藏林芝地区的人们认为选择白色最好，而汉族人认为红色才是包装礼盒应该有的颜色。

4. 颜色的对立策略

商场如战场，消费者的心智很难改变，尤其是对颜色的记忆。面对竞争对手的先发优势，你不得不制定与其对立的颜色战略。在可乐市场就是如此，当可口可乐占据了红色，百事可乐就只好另起炉灶，占据了蓝色。曾经娃哈哈推出了非常可乐，采用的是与可口可乐一样的红色，但被淹没在可乐市场之中，最后销声匿迹。

颜色竞争也是重要的品牌竞争，例如王老吉和加多宝的红罐之争，曾经加多宝不得已而采取了金罐策略，但如今两个品牌都使用红色，使得二者的品牌没有任何差异。

二、视觉力创意的生成

假如我们已经具备了某些创意天分，接着就会面临一个实际问题：我们可以通过哪些方式去发展这些创意天分？

学习任何一门技术，要掌握的首先是原则，其次是方法。对于创意设计，这似乎也是真知灼见。

特定的知识是没有意义的，正如美国知名教育家罗伯特·赫钦斯所说，它们是“快速老化的事实”。因此，知识无关紧要，原则与方法才是不二法门。

也就是说，就算你身处咨询业、广告业、策划业、平面设计界，了解各种字体的名称，通晓各种媒体，就算你的语法和文学素养远远胜于大学教授，就算你认识足够多的明星，只要你对创意生成背后的原则和方法不够了解，就称不上是一个合格的创意人。

反之，如果你深谙创意生成的原则和方法，即使对上述的事情不精通，甚至不太了解，只需聘用一些合格的技术人员，就能实现好的效果。所以，这就是为什么我们有时候会看到，与客户雇用的广告人相比，客户自身的创意水平反而会更高。

在创意设计中，最难的不是去寻找一个特别的灵感，而是学会如何训练自己的思维，掌握创意生成的方法，并领悟创意生成背后的原则。

（一）视觉力创意生成的原则

在笔者看来，视觉力创意的生成有两个普遍性原则。

第一个原则是，创意其实没有什么深奥的，不过是“旧元素”的“新组合”。

这或许是有关创意生成的最重要的事实，诸多创意人也承认这一事实。

第二个原则是，要实现“旧元素”的“新组合”，主要依赖于以下这个能力：能洞悉不同事物之间的关联性。

或许，正是这一点，让每一个人生成的创意有所不同，创意水平也存在高低之分。不同的思维方式将决定不同的创意能力。对某些人而言，每一个事实不过是孤立的知识碎片，而对另一些人而言，这些事实其实都是知识链中的一环，彼此之间存在着关联性或相似性。每个事实的背后都有一个普遍性的原则，而且这个原则可以适用于很多事实。

（二）视觉力创意生成的步骤

实践出真知、出真理、出方法论，理论指导实践，实践检验理论。视觉力创意的生成也遵循这个原理。

根据实战经验，视觉力创意的生成需要经过五个步骤。若分开看这五个步骤，相信大家都会认为非常简单，但重要的是，你必须清楚地了解它们之间的关系，并按照顺序进行。在创意生成的过程中，如果前一个步骤未完成，下一步就无法进行。当然也有少数天才人物，灵感突现，可以跨越某个步骤。可是对于绝大部分创意人而言，还是要踏踏实实地遵循每个步骤，逐步完成，这样才能水到渠成。

第一个步骤：收集原始素材，让大脑尽量吸收。

古人云："搜尽奇峰打草稿。"但在实践中，这个步骤经常被创意人忽略。

收集原始素材并非听上去那么简单，它非常琐碎、枯燥，以至于我们总想敬而远之。我们往往把原本应该花在素材收集上的时间，用在了天马行空的想象上。

人是有惰性的，我们总是守株待兔，期望灵感不期而至，而不是踏踏实实地花时间去系统收集原始素材。我们一直试图直接进入创意生成的第四个阶段，并想忽略或逃避之前的几个步骤，但“欲速则不达”，这样并不能生成成熟的、有效的、精彩的创意。

在第一个阶段，需要收集的素材可以分为两类：特殊素材和一般素材。

在广告业，特殊素材是指那些与产品和目标受众直接相关的信息。我们一直强调掌握有关产品与消费者的知识，但实际上很多从业者很少在这方面做功课。

“彻底了解产品和消费者”这句话似乎是陈词滥调，却蕴含着创意的真谛。遗憾的是，很多人还没有走到这一步就放弃了。

当两种产品从表面上看没有什么明显差异时，我们常常认定两者之间毫无差异。但事实上，我们只要探索得足够深、观察得足够久，就一定会发现，每一种产品都与某些消费者之间存在着某种特殊关系。这种特殊关系可以催生或发展出一个无与伦比的好创意。

例如，市面上已经有很多关于洗发水的广告，还有什么新鲜的点子可以被挖掘出来呢？有人针对洗发水与皮肤和头发的关系做了相关研究，还针对该主题出版了行业研究报告。于是，创意人从中获得很多的启发和灵感，所创作出来的广告使得某品牌洗发水的销量在 3 年之内增长了

8倍。这就是收集特殊素材的真正意义所在。

与收集特殊素材同样重要的，是不断地积累一般素材。

在笔者看来，一个足够棒的创意人具有两个明显的特质。

第一，他们对生活中的事物具有强烈的好奇心，从传统文化到当代艺术，生活中的点点滴滴都是他们探索和挖掘的对象。

第二，他们博览群书，广泛涉猎各个领域的信息，在这个意义上，创意人就像是奶牛——吃的是草，挤出的是奶。

可以说，优秀的创意人都善于收集一般素材。之所以要收集一般素材，原因就在于：创意是“旧元素”的“新组合”。

创意设计就是将有关产品与消费者的特殊素材，以及有关生活与时事的一般素材加以重新组织，从而产生出新的组合。

第二个步骤：开动大脑，将这些素材当成食物，让思维好好地“咀嚼”，进而“消化”，为创意生成做好进一步的准备。

这个过程很难用语言具体描述，因为它完全发生在思考的过程中。

你要做的就是用思维的触角检视所收集的不同领域的素材，去完完全全地感受它们。你可以选择其中一个，用不同的方式去打量它，在不同的光线下欣赏它，去感觉它蕴含的意义。你可以将两个不同的素材放在一起，尝试弄清它们之间的关联性在哪里。

换言之，你现在要寻求的是事物之间的关联性。要知道，所有的事物都能以一种灵巧的方式组合成新的综合体，就像你常玩的拼图或者积木。

第三个步骤：把整件事情彻底放下，尽量不要去想它，不做任何直接的努力。

你要认识到，这个步骤与前两个步骤一样，在创意生成的过程中是必不可少的。在这一阶段，你所要做的是把问题交给你的潜意识，让它在你睡觉的时候为你工作。

第四个步骤：灵感乍现，创意逐渐浮出水面，悄悄地与你不期而遇。

没错，创意就是这样生成的：一开始，你全力以赴；紧接着，你因为耗费心神而倍感焦灼；于是，你放弃努力，想让自己休息一下，此时创意却不期而至了。

当然，此时说创意已经生成还为时过早，还需要经过一个步骤，整个创意生成的过程才算完成。这个阶段，是你在创意生成过程中所必须经历的，堪称“黎明前的黑暗”。

第五个步骤：把刚诞生的、不成熟的那些小小创意，放到现实中接受考验。

当你这样做时，你会发现它似乎不如先前想的那样非凡独特，所以，你需要开展一系列的工作，对创意进行修正，让它切实有效，真正地服务于品牌、服务于营销。

大多数的创意要做到既符合真实状况，又满足各方面的需求，因此，创意人需要进行一系列耐心、细心的工作，不断对创意进行再加工。只有这样，才能让创意适应现实情况，或达到理想状态。

但是，许多非常好的创意却在这个阶段化为泡影。很多创意人没有足够的耐心或者不够务实，从而无法走完这个调整和修正创意的阶段。你如果想让自己的创意在现实世界发挥效果，这个阶段的工作是不可或缺的。

让我们把创意生成的完整过程和全部方法再总结一下。

第一，收集原始素材，无论这些素材是关于当下课题的特殊素材，还是来自不断丰富的常识之库的一般素材。

第二，在头脑中反复研究这些素材，不断地咀嚼、消化和吸收。

第三，将所有的素材交给潜意识去整合、发酵。

第四，创意诞生，你会大声喊“我找到了”。

第五，将创意应用到现实世界，并做出进一步的修正和调整，以符合实际的应用需求。

第五章

视觉力元素创意

视觉力元素由产品、标志、战略标识、IP 卡通形象四个部分组成。视觉力元素的创意设计，需要考虑视觉力的三要素。

第一，视觉力的方向：唤醒消费者的潜意识，激活消费者的意识。

第二，视觉力的作用点：嫁接文化原力，戏剧化表达。

第三，视觉力的大小：通过图形符号化、颜色单纯化构建信号能量。

同时，视觉力元素的创意设计有三个主要的衡量标准：难忘度、意义性和喜爱度。

（1）难忘度。消费者是否能够容易地在任何时候回忆起该视觉力元素，以及在何时购买该品牌的产品。

（2）意义性。该视觉力元素是否可信，相对于产品类别，其对该产品的成分或者可能使用该品牌的人群是否有暗示性。

（3）喜爱度。高颜值的产品设计、产品包装能够增加消费者的喜爱度，富有冲击力的 Logo、可爱的卡通形象能够为品牌增加文字所不能表达的内涵。例如，北京冬奥会的冰墩墩（熊猫），蜜雪冰城的雪王，米其林轮胎的必比登，等等。

显然，视觉力元素是那些可以识别，并区分品牌特征的设计，大多数强势的品牌都使用多种视觉力元素。

一、视觉力元素——产品

产品外观是品牌的第一张面孔，对品牌能否占据认知的制高点具有重要作用。消费者通过产品外观来判断一个产品的价值感和风格，一个好的产品设计可以直接有效地展现品牌的气质，传递想要向消费者传递的产品信息。可以说，产品视觉力对品牌营销至关重要。

如果你的产品具有一个让消费者产生深刻记忆的视觉力，那么你在市场上就拥有巨大的优势，有助于你成为市场第一。

据业界专家测算，通常消费者在货架上浏览一种商品的时间极为短暂，大约为 0.25 秒。如果在如此短的时间内，消费者被某种商品所吸引，那么就说明消费者对此商品产生了兴趣和好感。

品牌在自我表达时，将产品作为载体，以求最快速地传达最关键的信息。产品要成为广告牌，造型要吸睛。

在产品设计实践中，一个好的产品外观能够展现品牌自身的魅力，让消费者找到产品的价值感，进而能够赢得消费者的深度认同，获得消费者对品牌的信赖和忠诚，使消费者心甘情愿买单。

如果你在某品类中是第一个品牌，那么你可以通过独特的产品设计来展示你在这个品类中的领先地位。在这一点上，没有一个品牌比可口可乐做得更好了。它独特的瓶身将其正宗可口可乐的品牌定位传达给消费者，唤醒消费者的认知，并且已经成为一个极具视觉力的时尚符号。

可口可乐玻璃瓶的瓶身采用了女性身体的比例和曲线，这种曲线瓶子给人以甜美、柔和、流畅、爽快的视觉和触觉享受（见图 5–1）。这个典型的拟人式瓶身设计的专利属于亚历山大·山姆森，1898 年可口可乐公司以 600 万美元的高价从他那里买下了该专利。

图 5–1　可口可乐

采用亚历山大·山姆森设计的玻璃瓶作为可口可乐的包装后，可口可乐的销量飞速增长，在两年的时间内，销量翻了一倍。600万美元的投入，为可口可乐公司带来了数以亿计的回报。现在可口可乐已将玻璃瓶换成塑料瓶，但是拟人式的设计一直没变，陪伴人们走过春夏秋冬。

品牌是产品的牌子，产品是品牌的根本，没有产品力的品牌，只能是昙花一现。尽管有很多证据可以证明事实恰恰相反，但作为营销人，笔者认为领导品牌意味着更好的产品，尤其是更好的视觉力。

“产品即颜值，颜值即流量。”当颜值成为消费者选购产品的重要参考因素时，如果产品不能满足消费者的审美需求，吸引不了消费者的注意力，那么广告宣传就是徒劳无功的，甚至还会加速品牌的消亡。

高颜值的产品总是让人眼前一亮，诸多消费者愿意为产品的颜值而买单。例如，拥有百年历史的屈臣氏蒸馏水生产商在2003年推出一款全新支装水，其流线型的瓶身、简洁时尚的双重瓶盖设计极具美感和创意，成功获得了广大消费者的青睐（见图5-2）。

不论是以女性曲线为灵感的可口可乐包装瓶，还是简约时尚的屈臣氏蒸馏水包装瓶，或者是胡萝卜造型的华润五丰蔬菜包装（见图 5-3），都是最直观的广告牌，鲜活地展现了产品的特质、特点。

图 5-2　屈臣氏蒸馏水

图 5-3　华润五丰蔬菜包装

一个具有超强视觉力的产品，为品牌创造的可视度远远超过文字本身。产品的视觉力是强有力的，不仅是因为人们常常相信他们所看见的，还是因为它能唤醒消费者的潜意识，激发消费者的购买意识。

（一）产品视觉力：运用仿生设计法进行创意设计

在进行产品视觉力创意设计时，可以运用仿生设计法，从人体、动物的形态上寻找视觉特征。

例如，前文介绍的可口可乐品牌，它的瓶身采用了女性身体的比例和曲线，这种曲线瓶子给人以甜美、柔和、流畅、爽快的视觉和触觉享受。

产品即个性，个性即品牌。产品视觉力创意的核心是要有个性，而且要个性十足，拒绝大众脸。

随着个性化购物时代的来临，年轻消费者追求个性化商品，拒绝同质化、大众化。企业应该跟上并且适应这样的一种时代潮流，在产品设计上体现个性，从而唤醒消费者的潜意识，激发消费者的购买意识。

在汽车领域，宝马、劳斯莱斯的产品视觉力远大于其他竞争品牌，这得益于其富有个性、便于识别的前栅设计。例如，宝马的双肾形格栅（见图 5-4），劳斯莱斯的前栅和小金人（见图 5-5），都让消费者印象深刻，而这些都应用了仿生设计法。

劳斯莱斯在中国市场上几乎不投放广告，也几乎没有公关活动，但这个品牌众所周知，常常被认为是全球最尊

图 5-4　宝马汽车

图 5-5　劳斯莱斯汽车

贵的汽车品牌之一。劳斯莱斯的车型、前栅、小金人具有无与伦比的视觉力。尽管普通消费者很少看到劳斯莱斯汽车，但是只要见过一次，一定会难以忘怀。

品牌可以结合产品自身的品类特点，运用仿生设计法，发挥产品与生俱来的戏剧性，最大化地凸显产品的核心特征。

仿生设计也是很多日用品常用的设计方法。如图5-6、图5-7所示，儿童牙刷的手柄仿照青蛙的形态设计，外包装上绘有青蛙卡通形象，表现出趣味、时尚和个性，有助于获得小朋友们的喜爱。

图 5-6 青蛙王子

图 5-7　青蛙贝贝

如图 5-8 所示，蒙牛嗨 MILK 的产品包装融入了奶牛的形态，非常生动、有趣，让消费者眼前一亮。

（二）产品视觉力：借势文化原力进行创意设计

在进行产品视觉力创意设计时，借势文化原力，嫁接文化原力，能够起到四两拨千斤的视觉效果。

对于高端时尚产品而言，设计具有文化原力的视觉力创意非常重要。以英国的时尚品牌巴宝莉为例，它的产品大量使用源自英国贵族文化的格纹，形成了一个独特的视觉特征，人们走在大街上一眼就能识别出来。对于时尚圈

图 5-8　蒙牛嗨 MILK 包装

人士，巴宝莉的服饰是必须拥有的物件之一。

巴宝莉的格纹体现在包、围巾、衣服等品牌接触点上，已经成为品牌不可或缺的战略标识，如图 5-9 所示。

图 5-9　巴宝莉的格纹

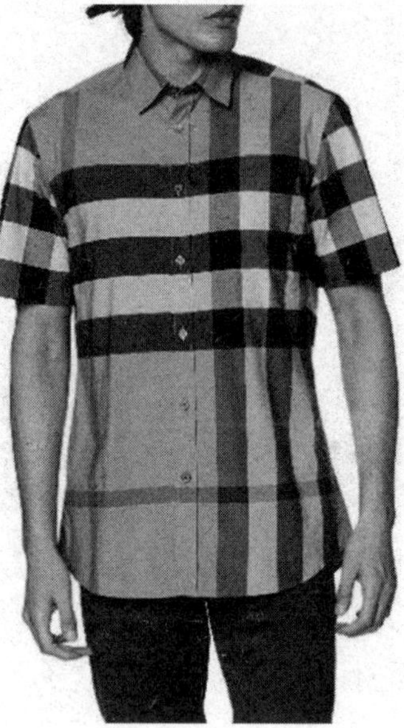

图 5-9 （续）

中国的白酒行业可谓是竞争白热化的行业，茅台、五粮液、剑南春曾一度名列前三名，占据白酒市场的领导地位。如今，酒鬼酒、汾酒、泸州老窖、蓝色经典等品牌，通过嫁接文化原力，打造了出色的产品视觉力，从而脱颖而出，成为享誉国内的白酒品牌。

酒鬼酒的麻袋陶瓶，被认为是中国白酒包装的典范，由美术大师黄永玉设计。酒鬼酒的设计是对中国传统设计方式的延续，它是在文化积淀基础上的厚积薄发。麻袋陶瓶和“酒鬼”二字的书法，唤醒了国人的文化原力，如图 5-10 所示。

图 5-10　酒鬼酒

青花汾酒瓶身由被誉为“玲珑之子”的著名国际陶艺家王宗涛设计，采用中国传统青花瓷风格，以“汾”字为主体，写满各种字体的“酒”字，从汉字发展的角度阐释了汾酒的悠久历史，如图 5-11 所示。

图 5-11　青花汾酒

由白酒包装设计大师许燎原整体设计策划的国窖1573、水井坊，以艺术的表现力，唤醒消费者的潜意识，成为白酒品牌视觉创意的经典，如图 5-12、图 5-13 所示。

图 5-12　国窖 1573

图 5-13　水井坊

产品的艺术价值表现在视觉力上，但是在一些品类中，要打造一个有区隔性的视觉力并不容易。以口红产品为例，在视觉力上如何表现才能有别于同类产品，进而赢得消费者的青睐呢？国潮品牌花西子通过嫁接中国传统文化原力设计的口红就与众不同，其将古典花纹脉络雕刻在口红膏体上，既展现一种美学时尚，亦表达一种来自古老东方的浪漫情怀，可谓口红中的艺术品（见图 5-14）。

图 5-14　花西子口红

在新消费时代，如何从产品视觉力上取得突破，得到消费者的关注，获得消费者的认同，是品牌营销的第一关。

值得关注的是，钟薛高从品牌创立后不到三年的时间，就登上雪糕品牌销量第一的宝座，成为引人瞩目的国潮品牌，与老品牌哈根达斯、梦龙势均力敌。

调查发现，相比竞争品牌，钟薛高在产品视觉力上别具一格，更受消费者喜欢。它在产品设计上引入了“新中式”文化理念，采用独特的中式瓦片设计，辅以顶部“回”字花纹，意为“回归”本味之意（见图 5-15）。钟薛高雪糕产品一经上市便唤醒了消费者的潜意识，受到了消费者的追捧。

图 5-15 钟薛高雪糕

二、视觉力元素——标志

从品牌的视觉资产来看，标志是品牌视觉的核心符号，是第一视觉资产。品牌最原本的含义就是标志、标识、符号。识别度高、记忆度高、容易回想是品牌标志的创作标准。

（一）体现品牌所处的行业或品类

标志是高度简练的符号，要体现品牌所处的行业或品类。比如，品牌处于银行业，其品类就是银行，方孔铜钱、刀币等古币形象就是该行业的识别元素。如图 5–16、图 5–17 所示，中国银行、恒生银行的标志就选用了这类元素。

图 5–16　中国银行的标志

图 5–17　恒生银行的标志

（二）体现品牌的特质、特点、特征

标志可以体现企业愿景，例如，华为的标志是八片花

瓣，寓意华为事业发展兴盛（见图 5-18）。标志可以体现企业定位，例如，思科的标志为桥梁，传递了“科技连接”的定位（见图 5-19）。标志可以体现品牌的个性化特征，例如，苹果公司的标志为一个缺一块的苹果，显示了与众不同的创造力。标志可以体现产品的卖点，例如，红牛的标志为太阳和两头对撞的牛，突出了功能饮料的卖点。

图 5-18　华为的标志

图 5-19　思科的标志

（三）便于辨认，方便记忆，容易回想

对标志进行视觉力创意设计时，应遵循格式塔心理学

原理。笔者整理了五个常见的标志创意设计方法：移花接木法、张冠李戴法、艺术修饰法、无中生有法、正负互补法。

（1）移花接木法。移花接木的意思是将某种花木的枝条嫁接在另一种花木上。在标志的视觉力创意设计中，就是将新的图形元素嫁接到旧元素上面，这样在传达品牌含义之时，人们就有似曾相识的感觉，从而快速地认知、记住这个品牌概念。

例如，格兰云天国际酒店的标志在字母 G 中嫁接了鲤鱼的图形符号，传递了宾客入驻酒店之意（见图 5-20）。售楼通平台的标志将楼房的图形符号巧妙地嫁接到英文 SaleTool 中，与英文字母融为一体，体现了售楼通的行业特征（见图 5-21）。

图 5-20　格兰云天国际酒店的标志

图 5-21　售楼通平台的标志

（2）张冠李戴法。张冠李戴的意思是把姓张的人的帽子戴到姓李的人的头上。张冠李戴的视觉基本特征是，物体中的某一部分被其他形状相类似的图形所替代，从而形成一种异常组合形式，这种组合形式很容易吸引目标受众的注意力。

例如，一町拉面的标志将小女孩的发簪替换为中国饮食文化中的筷子，以讨喜的方式传递了中国面食的特质（见图 5-22）。广和通的标志将无穷大“∞”的符号与

图 5-22　一町拉面的标志

Fibocom 相结合，传递了广和通在物联网无线通信领域发展无限、连接未来，与客户无限沟通的含义（见图 5–23）。

图 5–23 广和通的标志

（3）艺术修饰法。艺术修饰是在特定的思想意识支配下对某一个元素或多个元素组合的一种蓄意刻画和表达，有时是美学意义上的升华，有时富含深刻的哲理，给人们以启发。

例如，藏雅圣果的标志结合了西藏文字的特质，在富有美感的同时呈现了西藏文化的特征（见图 5–24）。迈瑞的标志为 mindray、迈瑞的中英文组合，以简约的艺术设计传递了国际化、创新的品牌形象（见图 5–25）。

图 5–24 藏雅圣果的标志

图 5–25 迈瑞的标志

（4）无中生有法。“无中生有”本来是道家的哲学思想，后来人们使用它的字面意思，一般是指凭空捏造。在创意领域，无中生有并非贬义，善于运用这个方法，能够给视觉创意注入新活力。

例如，专网通信领先品牌海能达的标志中除了中英文之外，无中生有一个翅膀图形，犹如在发射信号，传递了海能达的行业本质（见图 5–26）。香木香羊餐饮品牌的标志中无中生有一个全羊图形，这个全羊图形来自贺兰山岩画中的“羊图腾”，传递了品牌的品类特征（见图 5–27）。

Hytera
海能达

图 5–26　海能达的标志

香木香羊

图 5–27　香木香羊的标志

（5）正负互补法。在视觉设计中，正负形由原来的图底关系转变而来。正负形有着独特的空间组织特征，正形与负形既能独立成为知觉整体，又有交替出现的运动效果，它极大地丰富了视觉设计的空间层次表现。

例如，从事房屋改造、装饰业务的佳美装饰工程公司，其标志的正形为八卦的图形，自然形成汉字“佳”，不仅具有美感，还巧妙地传递了佳美装饰的行业特征，同时八卦的卦象寓意佳美装饰生生不息、蒸蒸日上（见图5–28）。首饰品牌御瑾的标志中，以英文UNJING的U字母和J字母形成正负互补的形态，即U字母演变为黑底，J字母成为互补的白底（见图5–29）。

图5–28　佳美装饰的标志

图 5-29　御瑾的标志

要设计便于辨认、方便记忆、容易回想的品牌标志，我们就需要熟练运用上述方法。具有超强视觉力的品牌标志可以轻易地改变潜在消费者的品牌偏好，在短时间内发动大规模的购买行动，让品牌自动成为消费者的首选对象，也可以让一个全新的品牌在一夜之间成为亿万消费者的朋友。

三、视觉力元素——战略标识

从品牌的视觉资产来看，战略标识是第二资产。

研究战略标识的视觉力，就是谋求将记忆碎片中最小的一片打造成一个品牌符号，并达到三个效果：每个人记住的都是同一片；一记就牢，不容易忘记；能承载品牌的身份及价值，实现零损耗传播。

战略标识视觉力创意体验的重要原则是：同一个记忆碎片，同一个品牌印象。例如，阿迪达斯的三道杠就是它的战略标识，给消费者留下了深刻的品牌印象（见图5-30）。

图 5-30　阿迪达斯的三道杠

战略标识除了用在产品上，成为产品的一部分，还可以用在品牌的宣传工具上，这样战略标识就能形成很强的视觉力，使消费者无论到哪里都认得、记得。

（一）战略标识的设计方法

战略标识的视觉力创意设计有两种方法，具体如下。

第一种是借鉴中国传统图案中的二方连续纹样进行设计，以表现品牌特点，我们将二方连续纹样称为战略纹样。

二方连续纹样是指一个单位纹样向上下或左右两个方向反复连续排列而形成的纹样，富有美感和节奏感，也被称为带状纹样或者花边纹样，如图 5-31 所示。

图 5-31 二方连续纹样

二方连续纹样历史悠久，中国古人在两千多年前就已经使用二方连续纹样作为装饰纹样了。二方连续纹样在彩陶、青铜器、石刻、瓷器、漆器、建筑、织物服装等上十分常见。虽然二方连续纹样非常古老，但在组织和结构上与现代纹样相比毫不逊色。

例如，路易斯·威登的战略标识就是二方连续纹样，包括圆圈包围的四叶花卉图案、四角星图案、凹面菱形内包四角星图案和重叠的 LV 字母图案，如图 5–32 所示。

图 5–32　路易斯·威登的战略标识

为了形成有视觉冲击力、有记忆度的战略标识，我们可以采用有律动感的二方连续纹样。例如，深大极光的战略标识——防伪保护墙，就是二方连续纹样（见图 5–33）。

又如，莆田餐厅的战略标识是极具视觉冲击力的蓝色锯齿状水波纹（见图 5–34）。早在陶器时代，水波纹就作为必不可少的二方连续纹样被广泛应用。

第二种是以标识图形或标徽形式来解释品牌的关键性特征，如品牌名字、品牌卖点、品牌文化，我们称之为战略符号。

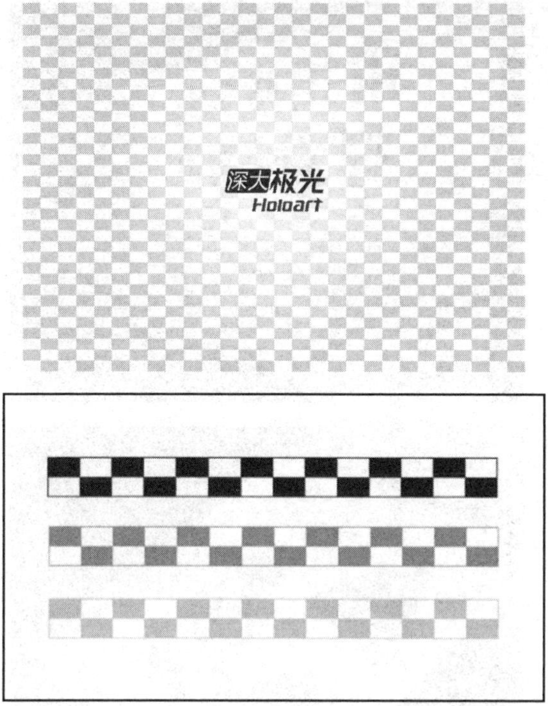

图 5-33　深大极光的战略标识——防伪保护墙

图 5-34　莆田餐厅的战略标识——水波纹

图 5-34 （续）

谈到战略符号，我们就要了解什么是符号。符号学把符号分为意符和意指。意符是符号的表达方式，是它的物质形式。意指是符号的内容，是它的意义概念。符号具有三个功能：指称识别功能；信息压缩功能；行动指令功能。

我们要找到一个符号，一是让消费者能够识别我们；二是能够浓缩我们的价值信息，影响消费者的看法，让消费者喜欢我们；三是能够指挥消费者采取购买行动。将这个符号提升到营销传播的战略高度，就形成战略符号。

例如，西贝莜面村借鉴“I LOVE NY”的标识，创造了“I LOVE 莜”，不仅明确了“莜”字的读音，而且赋予品牌名字以情感价值（见图 5-35）。

图 5-35　西贝莜面村的战略标识

为了突出“新鲜”这一品牌卖点，一町拉面将“鲜”字与奖牌结合，打造了“鲜奖牌”战略标识（见图 5-36）。

图 5-36　一町拉面的战略标识和包装

我们以一町拉面为例来说明战略标识视觉力的方向、作用点、大小。

（1）视觉力的方向。一町拉面是深圳知名的保鲜面（半干面）品牌，其战略标识用保鲜面“新鲜”的特征，唤醒保鲜面消费人群的潜意识，激活其购买意识。

（2）视觉力的作用点。一町拉面的战略标识嫁接了奖牌的文化原力。借助奖牌这一具有熟悉感的旧元素，其打造了人人都认识、人人看得懂的新组合——“鲜奖牌”。

（3）视觉力的大小。一町拉面“鲜奖牌”的颜色冲击力强，能够明显区别于市场上其他保鲜面品牌的标识。

一町拉面的战略标识具有以下四个特征。

（1）具有熟悉感，借助了公共标识奖牌的文化原力，人人都认识、人人看得懂。

（2）标识有自明性，不用解释，准确传递了一町拉面保鲜面的品类价值。

（3）标识有独特性，区别于市场上其他保鲜面品牌的标识，可以为一町拉面独占。

（4）这个标识可以描述、可以转述，大家都叫它“鲜奖牌”。

我们再以斯利安叶酸片为例来说明战略标识视觉力的方向、作用点、大小（见图 5-37）。

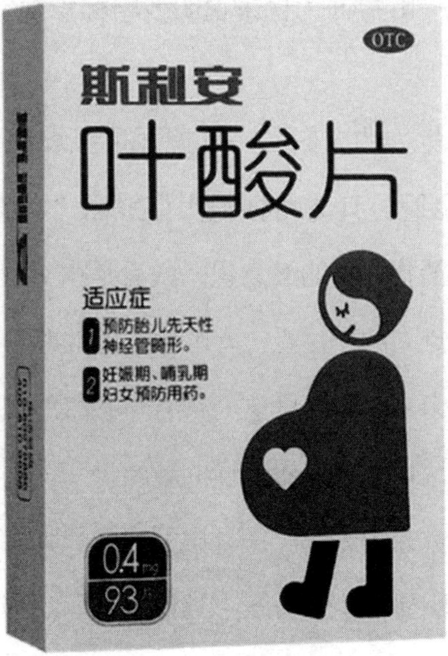

图 5-37　斯利安叶酸片

（1）视觉力的方向。斯利安叶酸片的目标消费群体为备孕的人和孕妇，其战略标识体现了这个群体的特征，从而唤醒该群体的潜意识，激活该群体的购买意识。

（2）视觉力的作用点。该品牌的战略标识嫁接了孕妇符号和心形的文化原力。借助孕妇符号和心形这一具有熟悉感的旧元素，该品牌打造了人人都认识、人人看得懂的新组合——爱心孕妇。

（3）视觉力的大小。该品牌的战略标识以红色为主色调，颜色冲击力强，能够明显区别于市场上的其他标识。

斯利安叶酸片的战略标识具有以下四个特征。

（1）具有熟悉感，借助了公共标识“孕妇”和“爱心”的文化原力，人人都认识、人人看得懂。

（2）标识有自明性，不用解释，准确传递了斯利安母婴保健的品类价值。

（3）标识有独特性，区别于市场上的其他标识，可以为斯利安独占。

（4）这个标识可以描述、可以转述，大家都叫它“小红人”。

为了增加传播的信号能量，战略标识能用到哪里就用到哪里，能铺多广就铺多广，即铺到目标受众视线所有触及之处，占领所有可以占领的目标受众视觉接触点。

当我们把战略标识应用在品牌传播中，就能够调动起消费者的已有认知，进而增加关注度、识别度、记忆度。

（二）标志与战略标识的战略组合

在当下这个信息碎片化的时代，人们通过一些堆积的“记忆碎片”来形成对一个品牌的印象。为了让人们认得品牌、记住品牌，可以将标志与战略标识进行重组。标志与战略标识的战略组合比单个的标志、战略标识有更大的能量，是更大的品牌资产。

标志与战略标识的战略组合不仅具有视觉冲击力，还有视觉强制性，其用重复的、同一性的、阵列式的视觉形式创造出一种仪式感，这种仪式感会让消费者记住这个品牌、信赖这个品牌、选择这个品牌。

深大极光标志与战略标识的战略组合就具有超强的视觉效果，如图 5-38 所示。

图 5-38　深大极光标志与战略标识的战略组合

四、视觉力元素——IP 卡通形象

视觉力元素的创意设计有三个主要的衡量标准：难忘度、意义性和喜爱度。其中，喜爱度与品牌的审美吸引力有关。可爱的卡通形象常常能够增加目标受众对品牌的喜爱度。例如，北京冬奥会的冰墩墩（熊猫），蜜雪冰城的雪王，米其林轮胎的必比登，等等。

卡通形象不同于写实图形，是用夸张和提炼的手法对原型的再现。卡通形象以幽默、风趣、诙谐的艺术效果，赋予品牌可爱、有亲和力的品牌内涵。

值得注意的是：卡通形象要有文化原型，这样更容易使人喜欢，传播成本更低；卡通形象要有联想性，使人马上识别产品属性；卡通形象还要有特别的记忆点，使人过目不忘。

在设计卡通形象时，我们使用的文化原型可以是人们熟知的人物、动物或者植物。例如，我们可以利用《西游记》中唐僧、孙悟空的文化原型形象来进行创意设计，也可以利用国宝熊猫的文化原型形象来进行创意设计。这些原型形象一是有故事原型，二是有鲜明的五官特征，以这些原型形象设计的卡通形象一旦被媒体传播，很快就能被感知、被记住，成为一种品牌视觉 IP。例如，熊本熊、蜘蛛侠、钢铁侠、超人、小黄鸭等卡通形象就是成功的 IP。

我们在设计卡通形象时，要使用生命力最强、最长的原型符号。因为符号过去有多少年的历史，未来就有多少年的生命力。

（一）以动物为原型设计的卡通形象——小猴博士

欣蕾幼儿园是覆盖全国的幼儿教育机构，“快乐成长”这一核心价值深深地根植于其品牌基因当中。那么，什么样的文化原型符号能够体现“快乐成长”呢？通过深挖原型素材，我们找到了“小猴子”这个原型符号。

幼儿园是孩子们知识启蒙的场所，欣蕾幼儿园的文化原型符号自然要扎根于“知识”之中。那么，什么能够代表知识呢？我们通过对中西方文化的挖掘，以及对家长们的调研发现，博士帽最能代表知识。

基于上述思路，我们为欣蕾幼儿园设计了可爱的卡通形象——小猴博士，并赋予小猴博士可爱、智慧的角色特点，如图 5–39 所示。

在小猴博士这一卡通形象的基础上，我们还设计了欣蕾幼儿园的专属品牌标识，如图 5–40 所示。该品牌标识具有以下几个特征。

图 5-39　小猴博士

图 5-40　欣蕾幼儿园徽章

第一，具有熟悉感，即人人都认识、人人看得懂，方便与家长沟通互动。

第二，具有自明性，不用解释，能够准确传递价值，没有歧义。

第三，能够传递行业属性，即与欣蕾幼儿园的教育行业属性有明确的关联性。

（二）以公司的创始人为原型设计的卡通形象——褚时健

人有着与生俱来的标识性面孔，将人的形象植入品牌视觉，有助于消费者快速识别品牌，从而让品牌活起来、红起来。因此，你可以用一个真实的人物作为原型，如公司创始人、发明人，设计品牌的视觉形象，从而让人一眼就知道是谁，不用解释一句话。

褚橙品牌就以公司创始人褚时健为原型设计了卡通形象（见图 5-41）。褚时健曾是玉溪卷烟厂厂长，一手创造了中国烟草业第一品牌——红塔山。经历人生低谷后，褚时健与妻子承包荒山再次创业，经过十年时间，其承包的 2400 亩橙园结出累累硕果。没有人可以永生，但植入创始人形象的品牌视觉力可以传承好几代。褚时健的励志故事和褚时健的卡通形象，如今成为褚橙品牌最重要的无形资产。

之所以要选择公司创始人作为原型，原因有两点：一是人们往往对创办公司的人充满好奇；二是人们往往认为公司的产品和服务反映了创始人的特质。

图 5-41　褚时健的卡通形象

（三）以植物为原型设计的卡通形象——小葵花

我们常用花朵来象征某种意义，比如，用玫瑰花代表爱情，用水仙花、牡丹花寓意吉祥、幸福。我们还将小朋友比喻成祖国的花朵。

葵花，也就是向日葵，寓意着积极向上的态度，象征着快乐、活力、健康。它是太阳之花，因为在生长期间永远是面向太阳的。葵花药业儿童药的卡通形象小葵花，就是以葵花为原型设计的。小葵花身着白衣，拥有可爱的眼睛、大大的脑袋、黄色的头发，笑容灿烂，象征着带给儿童快乐、活力、健康，如图 5-42 所示。

图 5-42　小葵花卡通形象

第六章

视觉力应用设计

本章将介绍在包装设计、平面广告设计、店面设计、活动形象设计中，如何运用视觉力元素，从而形成超级视觉力。

一、视觉力应用——包装设计

在琳琅满目的商品中，消费者首先通过商品包装来认知品牌。

商品包装是品牌最重要的、宣传成本最低的媒介。要想商品被消费者选择，商品包装就要在 1 米、2 米甚至是 10 米的距离吸引消费者的目光。商品包装要成为商品的广告牌。

打造品牌的本质是在消费者心智中烙下印记。品牌资产的形成在于重复、积累。品牌既需要通过商品包装使消费者建立起品牌认知，也需要通过商品包装引导消费者采取购买行动。

（一）以品牌标志为主的包装创意

品牌标志作为品牌的一部分，其最基本、最重要的功能是区别于其他产品或服务的识别功能，它包含着消费者对产品或服务的信誉、品质和个性是否具有认同感。较高的辨识性和认同感不仅可以增加商家产品的销量，还可以大大减少消费者在选购商品时所花的时间和精力。

在包装设计中，可以将品牌标志作为表现重点，强化品牌的力量。竹叶青茶叶、东阿阿胶桃花姬的包装就以品牌标志为主，分别如图 6-1、图 6-2 所示。

图 6-1　竹叶青茶叶包装

图 6-2　东阿阿胶桃花姬包装

（二）以产品为中心的包装创意

对于具有自身特色或有某种特殊功能的产品而言，在包装设计中可以突出产品特征，以产品本身的卖点作为创意重点，这样会形成直观、醒目的视觉效果，感染力强。

嘉华食品云腿小饼的包装就突出了产品的卖点，如图 6-3 所示。

图 6-3　云腿小饼包装

（三）以战略标识为主的包装创意

研究战略标识的视觉创意，就是谋求将记忆碎片中最小的一片打造成一个品牌符号，并达到三个效果：每个人记住的都是同一片；一记就牢，不容易忘记；能承载品牌的身份及价值，实现零损耗传播。战略标识是让消费者快速识别的视觉符号。品牌以战略标识为主设计包装，可以使消费者认知到商品的核心卖点与购买理由，让消费者迅速做出选购决定。

东晋葛洪的妻子鲍姑曾用红脚艾施灸治病，红脚艾品牌官山红就以鲍姑为原型设计了战略标识，该战略标识也成为官山红包装的灵魂，如图 6-4 所示。

图 6-4　官山红包装

（四）以 IP 卡通形象为核心的包装创意

卡通形象都是有文化原型的，也就是说，卡通形象都是基于文化里本来就有的东西创作的。因此，人们对卡通形象会自然产生一种熟悉感和好感，使得卡通形象的传播成本较低。

欢乐鼠、葵花药业以 IP 卡通形象为核心设计的商品包装分别如图 6-5、图 6-6 所示。

图 6-5　欢乐鼠包装

图 6-6　葵花药业儿童药包装

（五）以文化原力为核心的包装创意

中国上下五千年的历史文化积淀了深厚的文化原力，将千年文化原力以风格化、符号化的形式在产品包装上加以呈现，可以使消费者一看到这个文化符号就明白这个产品的文化底蕴。例如，益盛药业以传统文化原力为核心设计了汉参产品的包装（见图 6-7）。

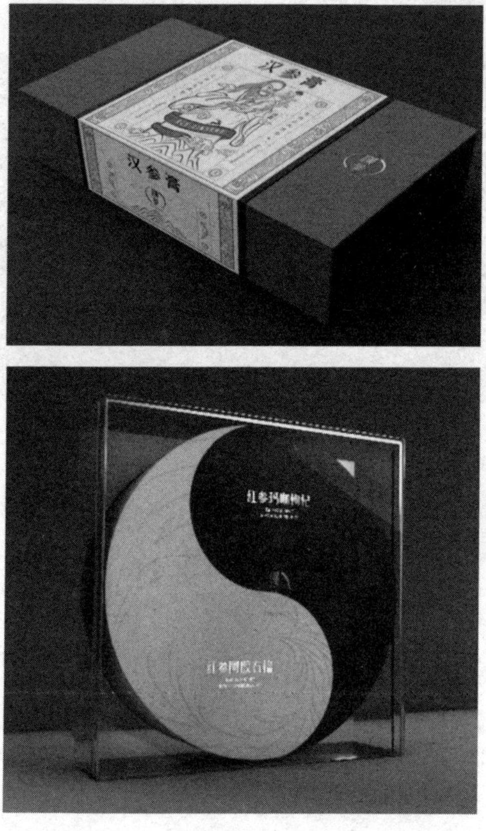

图 6-7　益盛药业汉参产品包装

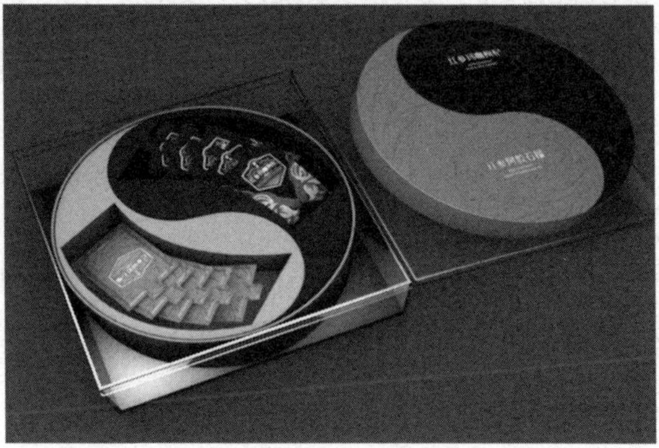

图 6–7（续）

二、视觉力应用——平面广告设计

奥格威说："我们坚信每一则广告都必须被看成是对品牌形象这种复杂的象征性符号作贡献，以及对品牌声誉所作的长期投资的一部分。"

广告的核心功能是说服、说动消费者。为了防御海量传播，消费者的心智会筛选和排斥大部分信息。通常来说，消费者的心智只接受与其之前的知识和经验相一致的信息。我们的品牌和消费者沟通时，最美好的状态就好像贾宝玉初见林黛玉，一句"这个妹妹我曾见过的"，瞬间就消除了陌生感，拉近了距离——因为这个妹妹一直住在贾宝玉的灵魂深处。

在广告创意中，视觉力是极为重要的品牌认知资源，视觉力并没有创造新的、不同的东西，而是“旧元素新组合”，是在操纵心智中的已有认知。我们应该具有把这种认知转化为品牌的一种生产要素的能力。

广告视觉力就是要唤醒消费者的潜意识，让消费者产生似曾相识的感觉。为此，需要嫁接文化原力，通过“旧元素新组合”形成视觉创意。

（一）以产品或产品包装为核心的广告创意

消费者是通过产品来体验品牌的，因此，产品永远是广告的核心要素，永远是广告创意的主角。

可口可乐、嘉华食品以产品和产品包装为核心设计的平面广告分别如图 6-8、图 6-9 所示。

图 6-8　可口可乐平面广告

图 6–9　嘉华云腿小饼平面广告

在绝对伏特加的平面广告中，基于产品独特的瓶形特征，嫁接了具有代表性的生活场景、文化原力元素，进一步体现出它的尊贵与品味，如图 6–10 所示。

图 6–10　绝对伏特加平面广告

图 6-10（续）

图 6-10（续）

（二）以品牌标志为主的广告创意

如果品牌标志很具象，也可以成为广告设计的核心元素。例如，槐茂的品牌标志是一棵茂盛的槐树（见图 6-11），非常具象，因此以该品牌标志为主设计了平面广告（见图 6-12）。

图 6-11　槐茂标志

图 6-12　槐茂平面广告

（三）以战略标识为主的广告创意

红脚艾品牌官山红以鲍姑为原型设计了战略标识，并以该战略标识为主设计了平面广告，如图 6-13 所示。

图 6-13　官山红平面广告

万宝路以西部牛仔为战略标识，该战略标识也出现在其平面广告中，如图 6–14 所示。

图 6–14　万宝路平面广告

（四）以 IP 卡通形象为主的广告创意

CBD 家居以豹子头的形象作为广告设计的核心元素（见图 6–15），脑白金以目标消费者的卡通形象作为广告设计的核心元素（见图 6–16）。

图 6–15　CBD 家居平面广告

图 6-16　脑白金平面广告

三、视觉力应用设计案例

（一）深大极光设计案例

● 标志设计

如图 6-17 所示，深大极光的标志强化了企业名称的记忆点，视觉冲击力强，使人过目不忘。该标志整体设计简约、大气，给人沉稳之感。

该标志的构图体现“大道至简”，汉字的设计体现中国文化中的“阴阳之道”——“深大”二字为阴，“极光”二字为阳，寓意阴阳互补，创造无限极光。

图 6-17　深大极光的标志

该标志中的红色取自西班牙斗牛士的勇士红，富有无限拓展的张力，且红色在中国文化中属于吉祥色彩。标志中的英文字母为淡淡的水墨色，寓意内敛、踏实的务实精神。整个标志的色彩象征深大极光激扬进取、进无止境。

- **战略标识设计**

深大极光主营激光防伪业务，其战略标识——红白或灰白间隔的图形好似防伪长城（见图 6-18），象征给客户提供安全可靠的防伪产品，传递“防伪技术，无限极光”的核心价值。

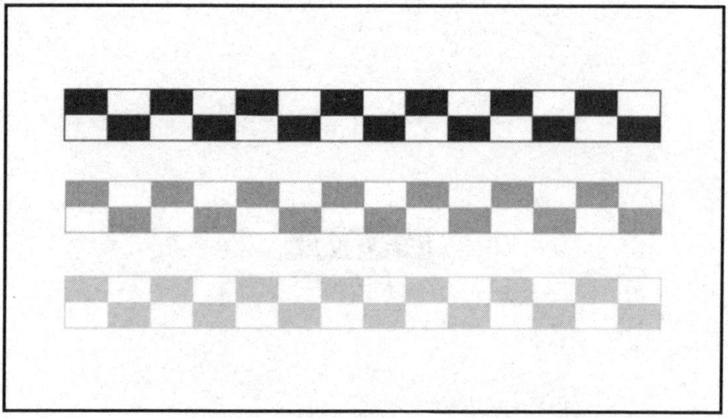

图 6-18　深大极光的战略标识

- **视觉力应用设计**

深大极光标志和战略标识的应用如图 6-19 所示。可以说，深大极光已经拥有了一套完善的视觉识别系统。

图 6-19　深大极光标志和战略标识的应用

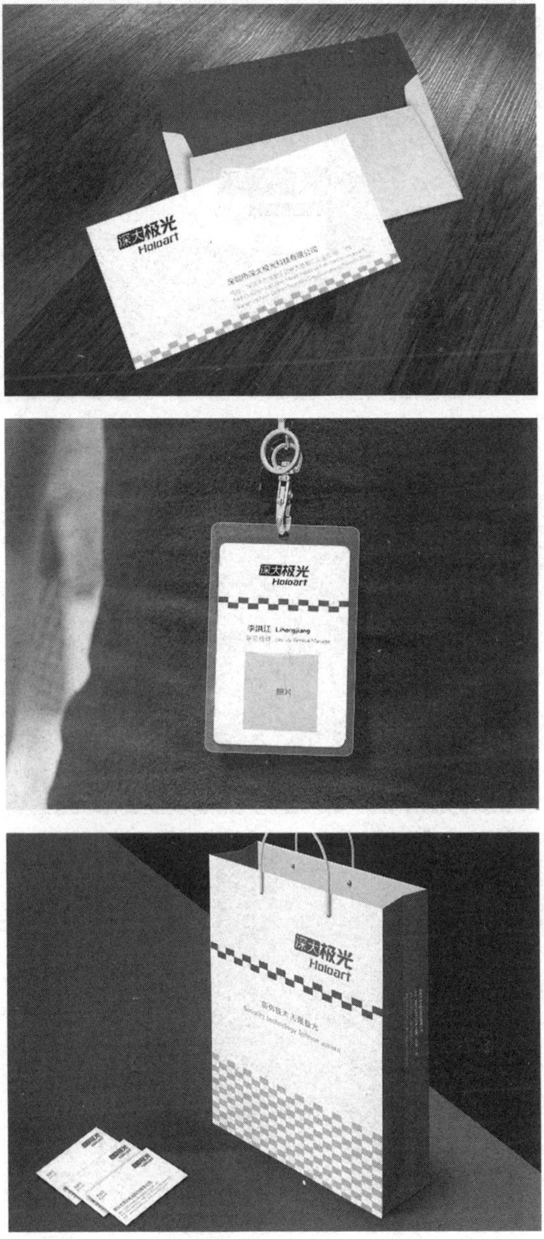

图 6-19（续）

图 6-19（续）

图 6-19（续）

图 6-19（续）

（二）迈瑞医疗设计案例

- **标志设计**

如图 6-20 所示，迈瑞医疗的标志简约、大气、国际化，传递了全球发展的品牌理念。标志的线条设计体现极简风格，英文“mindray”和中文“迈瑞”构成了线与面、疏与密、大与小的对比和呼应关系，使得标志个性化强，极具节奏感和现代美感。标志的颜色为中国红，象征迈瑞医疗勇于创新、敢为人先的开拓精神。

mindray迈瑞

图 6-20　迈瑞医疗的标志

- **视觉力应用设计**

迈瑞医疗标志的各类应用如图 6-21 所示。

图 6-21　迈瑞医疗标志的应用

TEL-100
mindray
Advancing global healthcare
mindray
mindray
mindray

图 6-21（续）

（三）海能达设计案例

- **标志设计**

如图 6–22 所示，海能达的标志由英文“Hytera”、中文“海能达”及羽翼图案组合而成。英文“Hytera”除首字母外均为小写，给人平实低调、亲切自然之感。羽翼图案由一个渐变的湛蓝图形和一个渐变的翠绿图形组成，犹如蝴蝶破茧而出，展翅飞舞，也好似帆船航行在大海，乘风破浪，驶向远方。两个羽翼图形从颜色到形态的呼应，也蕴含了海能达紧密结合客户需求，快速响应，提供高效的解决方案，以及与客户互动，共同发展、成长的愿景。标志中的文字为深灰色，传递一种稳重内敛之感；羽翼图案选用绿色和蓝色，富有强烈的高科技感，象征着海能达以创新科技在专网通信的蓝海航行。

Hytera
海能达

图 6–22　海能达的标志

- **战略标识设计**

海能达的战略标识也是由一个渐变的湛蓝图形和一个渐变的翠绿图形组成，既好像展翅飞舞的蝴蝶，也好似航行在大海上的帆船，象征着海能达发展无限（见图 6-23）。

图 6-23　海能达的战略标识

- **视觉力应用设计**

海能达标志和战略标识的各类应用如图 6-24 所示。

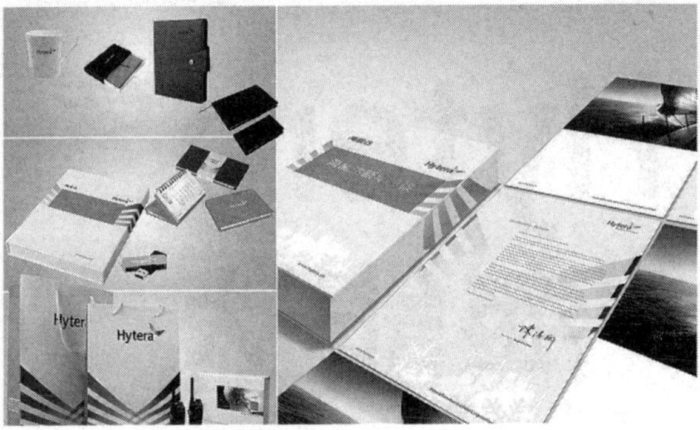

图 6-24　海能达标志和战略标识的应用

WORK OUT
Hyteraems
让世界更安全更有序
Hytera
让世界更安全更有序
Hytera
海能达
Hytera
PD500
海能达
Hytera
授权维修站
应所需 畅所能
Hytera
海能达

图 6–24（续）

图 6-24（续）

（四）一町拉面设计案例

● **标志设计**

标志是品牌的第一张脸。调研发现，一町拉面的标志在市场上有一定的认知度。然而，随着时代的发展，它的标志暴露出不够精细化的问题。因此，需要对一町拉面的标志进行优化升级。如图 6-25 所示，我们在标志中增加了中国餐饮文化原力元素——筷子，并对碗、衣服、头发、五官等做了调整，从而塑造了新的视觉力。

优化前　　　　优化后

图 6-25　一町拉面标志的优化

- **战略标识设计**

战略标识是营销传播的引爆点。在设计战略标识之前，我们梳理了一町拉面的优势：年销量 1 亿多份，中国保鲜面典范，专业生产保鲜面 15 年，中国航协航食分会会员，航空公司面条供应商，等等。检测发现，一町拉面的含水量大于 20%，这是独特的差异化价值。正因如此，一町拉面吃起来爽滑劲道，消费者为之赞不绝口。基于此，我们创作了超级话语——“爽滑劲道，够鲜够韧性”。战略标识也水到渠成，我们嫁接了奖牌的文化原力，与“鲜”字结合，设计出了“鲜奖牌”这一视觉力标识，如图 6-26 所示。

图 6-26　一町拉面的战略标识

- **视觉力应用之包装设计**

为了让消费者经过货架时第一眼就看到一町拉面的包装，我们要把一町拉面的标志和战略标识放到最大，让刺激信号足够强。产品包装就是最直观的广告牌，我们要让消费者通过包装快速了解产品信息和顾客买点。一町拉面的包装如图 6-27、图 6-28 所示。

图 6-27　一町拉面的包装（一）

图 6-28　一町拉面的包装（二）

一町拉面包装设计的七大特色如下。

（1）放大了一町拉面的标志和战略标识，从而扩大了视觉力的传播范围。

（2）“鲜奖牌”这一战略标识强调了排他性优势。

（3）产品可视化，所见即所得，最大限度地刺激消费者的食欲和购买欲。

（4）加入“天然麦香”图标，增加顾客买点。

（5）“1 人份”或“2 人份”的分量信息放大突出，让消费者一眼就看到分量，不用再解释。

（6）超级话语再重复，深化品牌战略，积累品牌资产。

（7）产品价值可视化，强化原料、工艺优势。

- **视觉力应用之平面广告设计**

广告与产品包装要保持一致性，我们在一町拉面产品包装设计的基础上进行了平面广告创意设计，具体如图 6–29 所示。一町拉面平面广告的使用场景如图 6–30 所示。

图 6–29　一町拉面的平面广告

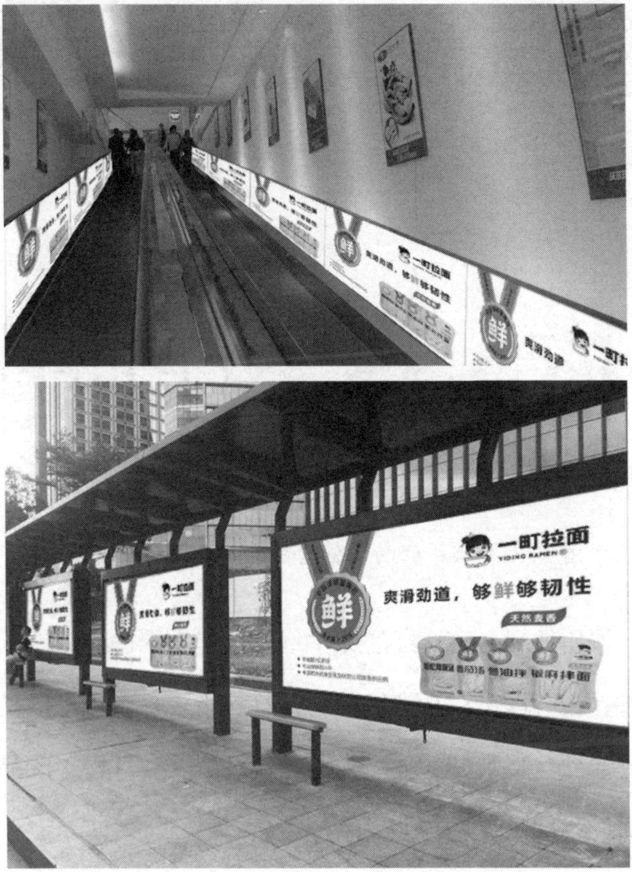

图 6-30　一町拉面平面广告的使用场景

（五）官山红设计案例

- **标志设计**

艾灸疗法在春秋战国时代已颇为流行，《诗经·采葛》载：“彼采艾兮”，西汉毛亨和毛苌传释：“艾，所以疗疾”。为了体现官山红艾产品的历史渊源，在对其旧标志进行优化升级时，我们嫁接了篆书的文化原力。在新标志中，“官山红”三个字具有篆书风格，字形大气、唯美，如图 6-31 所示。

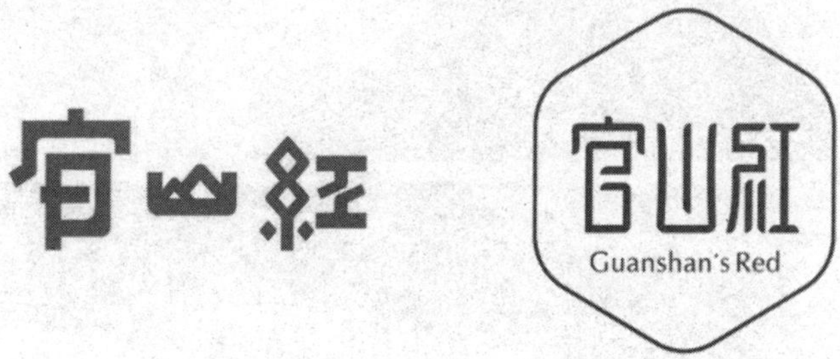

图 6-31　官山红的旧标志（左）和新标志（右）

调研发现，官山红的原种红脚艾是罗浮山特有的艾草品种，极其珍贵；其“红脚”独具特色，与市场上的艾草形成强烈、直观的区隔。为了体现红脚艾“红脚”的品类特征，我们以红色作为战略颜色。

官山红的标志有以下三个特征。

（1）具有熟悉感，借助了公众熟知的篆书的文化原力，人人都认识、人人看得懂。

（2）具有自明性，不用解释，红色的字体准确传递了红脚艾的品类价值。

（3）具有独特性，六边形的整体造型区别于市场上的其他标志，让人一看就知道、一眼就记住。

- **战略标识设计**

艾灸属于中医疗法，通过挖掘中医艾灸的历史文化发现，我国东晋著名炼丹家葛洪的妻子鲍姑是第一个用艾灸法治病的人，并且使用的正是罗浮山生长的红脚艾。鲍姑不仅用艾灸法治病，还将其发扬光大。因此，鲍姑就是红脚艾最有说服力的文化原力。

将鲍姑的形象与红脚艾进行组合，就得到了官山红的战略标识，如图 6-32 所示。

图 6-32　官山红的战略标识

官山红的战略标识有以下三个特征。

（1）借助了鲍姑的文化原力，使人一眼就看到官山红产品的历史文化渊源。

（2）具有自明性，鲍姑手持红脚艾，传递了红脚艾的品类属性。

（3）形象独特，容易记忆，区隔于其他品牌的战略标识。

- **视觉力应用之包装设计**

官山红的包装设计（见图 6-33）有以下五大特色。

图 6-33　官山红的包装

图 6-33(续)

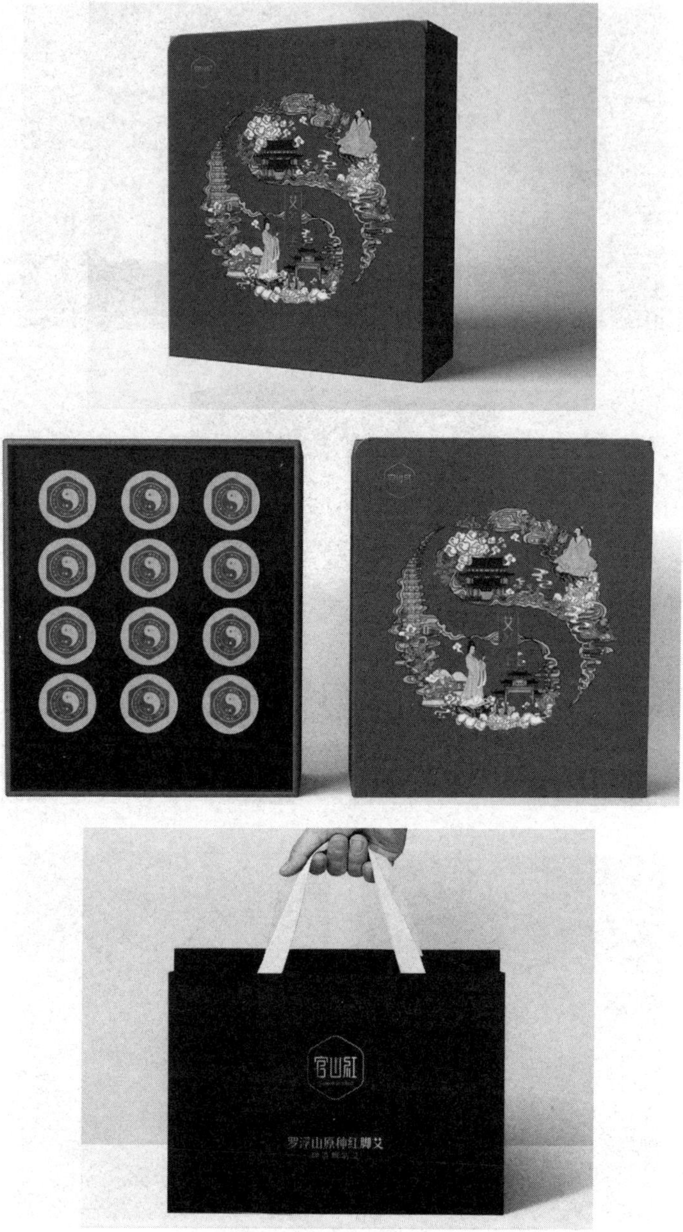

图 6–33（续）

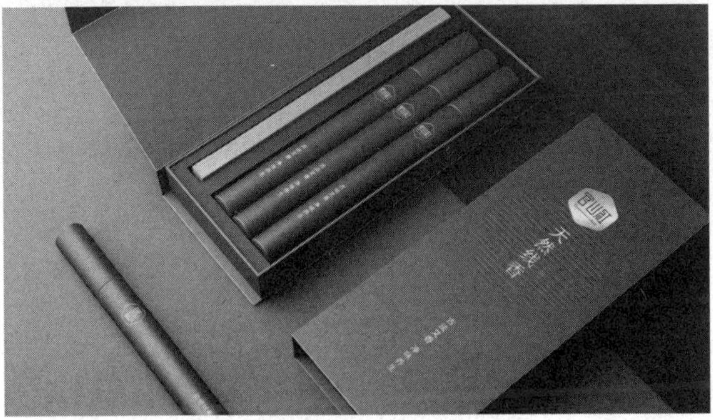

图 6-33（续）

（1）凸显战略标识，以鲍姑和著名炼丹家葛洪为主要元素，一看就懂。

（2）加入了有关红脚艾产地罗浮山风貌、历史文化的元素，传递了罗浮山原种红脚艾的品类价值。

（3）标志放置在左上角，清楚、醒目，表明身份——官山红红脚艾。

（4）以艺术化手法表现云纹等传统图形，让官山红红脚艾的传统文化渊源一目了然。

（5）内置艾灸工具，方便消费者随时使用官山红产品。

- **视觉力应用之平面广告设计**

在官山红产品包装设计的基础上，我们设计了其平面广告，如图 6-34 所示。官山红平面广告的使用场景如图 6-35 所示。

图 6-34　官山红的平面广告

图 6-35　官山红平面广告的使用场景

图 6-35（续）

图 6-35（续）

后记

■ 写书的缘由

笔者在中国香港浸会大学学习期间，有幸聆听中国台湾东吴大学邓东滨教授（当时 78 岁）授课。邓老说：“要成为有价值的人，而不只是成功的人。”这句话让笔者受益匪浅。作为品牌营销界的一名专业人士，笔者这些年在做品牌营销咨询项目的同时，也在总结实战经验，为企业、商会、创业组织等机构授课。若能把自己的学问、经验、思想等熔炼成可行、有效的方法，并能够帮助到他人，让更多人受益，也算是为社会贡献了一些价值，不枉此生。另外，找笔者做项目的毕竟是少数企业，还有很多企业没有得到笔者的服务，因此唯有通过出版书籍来与更多企业的品牌管理者、营销管理者对话。

■笔者与视觉艺术的不解之缘

生命中的遇见，都是命中的注定，都是最好的安排。从学美术，到学视觉艺术，到将视觉艺术与艺术设计、品牌营销无缝融合，一切都是缘于笔者与视觉艺术的不解之缘。

结缘视觉艺术，启迪设计思维

笔者与视觉艺术结缘于初中，源于美术老师的发掘。记得在初一的美术课上，笔者临摹的一幅素描画作引起了美术老师欧阳小景的注意。老师说笔者在美术方面有特别的天赋，是可塑之才，未来可以往美术方面发展。此后，笔者就向欧阳老师学习美术。那时，齐白石、张大千、徐悲鸿，以及梵高、毕加索、莫奈等惊世骇俗的画家成为笔者的偶像。1997 年，笔者以优异的成绩顺利通过美术中考，考上了师范类中专，但因个人原因未就读中专。

1997 年 9 月，笔者进入宁远三中，当时定下的目标是学文科，往美术方面发展。在美术老师薛友恩的教导下，高中三年，笔者的美术水平日渐精进。当然，此时笔者的文化课成绩在班上也是数一数二，对考上大学志在必得。

1999 年夏天，为准备翌年的美术高考，笔者在湖南九疑美术学院（张玉波于 1993 年在湖南省宁远县创立）参加美术培训。受训期间，笔者首次接触到了美术设计及平面设计软件 Photoshop，大开眼界。此次经历让笔者对美术设计充满了好奇，同时让笔者萌生了今后选择美术设计专业的想法。

四年历练，化茧成蝶

2000 年 9 月，笔者顺利考上三峡大学艺术设计系平面设计专业，开启了四年的平面设计专业学习生涯。三峡大学是集合文理多种学科的综合性大学，就读综合性大学的最大益处是，既能学习本专业，又能学习别的多种学科，对开拓个人视野具有重要作用。

四年大学期间，得益于优秀老师们（例如，夏远升、张立杰、丁力、朱涛、王越飞、尹青、谭惠、贺毅、郭志刚、何广庆、黄站群、刘路喜等）的悉心教导，笔者完成了由稚嫩的美术生向平面设计师的转变。同时，周末笔者选修了市场营销、企业管理等课程，从而对设计与企业管理的融合充满了期待。

除了得到专业老师的教导外，笔者也深受业界专家（例如，陈幼坚、靳埭强、福田繁雄、林家阳等）的影响，他们激励着笔者对平面设计开展新的探索。与此同时，笔者利用课余时间进行了大量的设计创作，积极参加各类全国大学生设计比赛、广告创意比赛，获得了全国大学生平面设计奖、全国大学生广告奖、白金创意奖、靳埭强设计奖等累计 20 多个奖项。

2004 年 4 月，在三峡大学艺术学院学工办的支持下，在逸夫楼一楼举办了“刘述文个人设计作品展”，有 20 余幅获奖作品和 80 幅原创作品展出，吸引了全校师生的关注。2003 年 10 月，笔者在宿舍创立个人设计工作室，自此至 2004 年 6 月为三峡大学团委、宜昌佳美装饰工程公司、三峡大学后勤集团等机构提供平面设计服务。

2004 年 5 月，受第八届全国大学生羽毛球锦标赛组委会委托，担当大赛的平面总设计师，负责大赛的平面设计工作，为大赛设计了标志、吉祥物、海报、邮票及大赛视觉识别系统，深受组委会好评。

在此，感谢马总（马学民）、李主任（李堰生）、李红老师、张伟同学为笔者推荐和介绍设计业务。

2004 年 5 月，获得“三峡大学十大杰出青年”荣誉称号。

精进笃行，知行合一

2004 年 7 月，笔者入职大连轻工业学院艺术与信息工程学院（现为大连工业大学艺术设计学院），担任视觉传达系专业教师，并低职高聘为讲师（助教聘任为讲师）。在该校工作期间，笔者负责平面设计的教学，并多次辅导学生在全国设计比赛中获奖。例如，2004 年 12 月指导学生参加全国大学生平面设计比赛，10 名学生获奖，笔者获得“优秀作品指导奖”。

学术上，笔者与中央美术学院设计学院肖勇教授、许平教授深入交流，对设计管理开展研究，并将其引入教学工作。同时，利用课余时间，为 10 余个机构提供平面设计服务。

2006 年 8 月至 2008 年 6 月，在中国传媒大学广告学院广告学专业读研究生，其间师从中国传媒大学广告学院黄升民教授、赵子忠教授，以及营销界、广告界的专家教授。笔者还与中国传媒大学肖虎教授研究视觉传达与广告学的内在关系，探寻中国元素与广告创意、营销传播设计的多样性。

2009 年 1 月，辞教从商，在市场实战的磨砺中精进，将视觉设计作为战略要素，融入战略营销咨询、品牌战略咨询、整合营销传播中，助力中国企业提升品牌价值与销量。

■ 谈谈事业理论

理论是实践的总结，是经验的结晶，是指导行事的有效方法。个人与企业的成功都离不开事业理论。

什么是事业理论？个人和企业生存的根本之道是为社会承担某一方面的责任，解决某一方面的问题，这就要有一种理论，这个理论是从经验中得来的，包括对自己事业的独特认知及系统的方法论，俗称事业理论。

笔者也有自己的事业理论。

用全局思维思考，用系统方法做事

品牌营销战略是企业战略的重要组成部分，因此需要具有全局战略思考意识。例如，产品结构、核心业务、品牌定位、营销传播、广告创意、包装设计、推广策略等都是品牌营销战略的要素，不可分割。为了做好品牌营销这件事情，要把这些看成一件事，用系统的方法来做，不能分散来做，也不能由不同的人来做。

关于效率，商业界早有定论——系统效率大于独立效率之和。你的企业效益好不好，就要看你的企业是否具有系统效率。

实践中，我们发现客户会找甲公司做品牌定位，找乙公司做包装设计，再找丙公司做广告创意，还找丁公司做营销传播……其实这种将系统营销的结构分割成各个细小散件的做法，不仅不能发挥“1+1 > 2”的功效，而且增加了大量的时间成本、沟通成本，因为每一家合作的公司都要重新理解品牌，每一家公司都为了创意而创意，即没有站在一个全局的角度来思考。

品牌营销战略是争夺消费者的方略，我们要将这个战略看作企业的顶层设计，站在全局的角度思考，并用系统的方法实施。

用专心、专注成就专业

时光如白驹过隙，人要在有限的生命里做出成绩，唯有聚焦于一个领域，用专心、专注成就专业。

怎样成为某领域的行家呢？有一个一万小时定律——我们在某个专业领域坚持一万小时的学习与研究，就能成为该领域的行家。

其实，要成为某个专业领域的行家，一万小时的学习是不够的（当然某些天才例外）。例如，品牌营销所涉及的知识面较广，包括心理学、经济学、广告学、传播学等学科，要在该领域达到精通的水平，需要两万小时、三万小时，甚至更久。同时，品牌营销是一门以实践为主的学科，除了学习书本知识和研究成功案例外，还要走向市场，积极将所学的方法用于品牌营销的实践活动中，不断在实践中总结经验。

俗话说：“冰冻三尺，非一日之寒。”相信只要我们专注于一件事，坚持十年、数十年甚至一生，即便是平凡的工作也可以做得非凡。

笔者就要用一生的时间去做品牌营销这个平凡的事情，把这件事情做到极致，做到一个高度，为更多的企业服务。

宁可被低估，也不可被高估

在弱肉强食的竞争时代，以虚怀若谷的谦逊姿态面对客户，何尝不是一种精神？

笔者现在无论是与客户开展前期沟通，还是进行合作，都深深铭记和君集团董事长王明夫先生的话——“宁可被低估，不可被高估”，始终保持不夸夸其谈、不肆意鼓吹的谦逊态度。

“被低估”是生存哲学。被客户低估了，如果合作不成，则双方没有损失，且情意还在，说不定双方今后重新认识彼此，还有合作的可能；如果合作成功，由于客户低估了我们，我们后期每一次向客户提交的项目成果，都可以给客户带来惊喜，超出客户的期待，这样客户觉得花的钱很值，对我们服务的满意度自然也就很高，从而更加信任我们。

“不被高估”是合作智慧。如果由于我们的自我吹捧，被客户高估了，则即便合作了后期也会带来很多麻烦，因为客户期望过高，这个期望一旦超出了我们的能力范围，客户就对项目成果不满意，失去对我们的信赖。因此，要想长久合作，我们的专业水准就不能被高估。

由于坚持这个准则，与笔者合作的客户满意度都很高，这些年笔者也积累了很多回头客。凡事都有利弊，也因为坚持这个准则，让很多客户在初期洽谈中没有获得足够的信心，导致未能达成合作，这个也无憾，正所谓“弱水三千，只取一瓢饮”。

“人生如莲”，理当“三度修炼”

笔者在职业生涯中深受和君集团董事长王明夫先生的影响，其“人生如莲”“三度修炼”思想使笔者受益无穷。

“人生就像是睡莲，成功是浅浅地浮在水面上那朵看得见的花，而决定其美丽绽放的，是水面下那些看不见的根和本。莲花初绽，动人心魄，观者如云，岂知绚烂芳华的背后，是长久的寂寞等待和强根固本。”

对于“三度修炼”，王明夫先生这样解释：“态度决定命运，气度决定格局，底蕴的厚度决定事业的高度。”人之态度、气度、厚度，犹如莲之根本。

态度决定命运。态度是性格的直观体现，人们常说性格决定命运，其实进一步来说是态度。例如，“努力不一定成功，但放弃一定失败”，这个态度让姚明成为NBA的明星。

气度决定格局。所谓“宰相肚里能撑船”，就是说宰相的度量大、格局大。气度修炼，需要日积月累，功到自然成，功不到，自然不成。为此，穷其一生也值得。

底蕴的厚度决定事业的高度。真正的事业远行者，必须回到生活常态和朴实无华上来，把对理想的追求、志向的落地、底蕴的蓄积、胸襟气度的养成等，转变为一种天长日久、平淡如水的生活常态。

刘述文

2022年12月于深圳